## 日月光华 · 哲学讲堂

### 主　编

孙向晨　林　晖

### 编　委

吴晓明　孙向晨　邓安庆

冯　平　李天纲　张庆熊

张双利　张志林　邹诗鹏

本书获评"复旦大学哲学学院源恺优秀著作奖"，
由上海易顺公益基金会资助出版。

日月光华·哲学讲堂

10

# 康德的实践哲学

## 作为理性存在者的自我保存

〔德〕H.F. 克勒梅 — 著

钱 康 杨 丽 李 彬 — 译

东方出版中心

## 图书在版编目（CIP）数据

康德的实践哲学：作为理性存在者的自我保存 /
（德）H.F.克勒梅著；钱康译. －上海：东方出版中心，
2022.2

（日月光华·哲学讲堂）

ISBN 978-7-5473-1948-2

Ⅰ.①康… Ⅱ.①H…②钱… Ⅲ.①康德（Kant,
Immanuel 1724-1804）-哲学思想-研究 Ⅳ.①B561.31

中国版本图书馆CIP数据核字（2022）第009967号

日月光华·哲学讲堂
康德的实践哲学：作为理性存在者的自我保存

著　　者　[德]H.F.克勒梅
译　　者　钱　康　杨　丽　李　彬
筹　　划　刘佩英
责任编辑　冯　媛　周心怡
封面设计　钟　颖

出版发行　东方出版中心有限公司
地　　址　上海市仙霞路345号
邮政编码　200336
电　　话　021-62417400
印 刷 者　上海颛辉印刷厂有限公司

开　　本　787mm×1092mm　1/32
印　　张　8.25
字　　数　103千字
版　　次　2022年7月第1版
印　　次　2022年7月第1次印刷
定　　价　58.00元

# 总 序

相互对话，有利于推进思想。进入 21 世纪以来，复旦哲学迎来了与国际学界对话的高峰期，不仅建立了"中国哲学与文化"的英文硕士项目，在英国布鲁姆斯伯里（Bloomsbury）出版社出版了"复旦：与中国哲学相遇"系列丛书，而且迎来了大批国外的优秀学者，让我们的老师与学生在第一时间就有机会与国际杰出的学者们面对面交流，这不仅拓展了师生们的学术视野，更推动了思想的互动与对话。

在这个地球村时代，时空因为科学技术的发展而大大压缩，相互交往变得极为便利，但人类能否真正进入一个和平时代却成为一项极为尖锐的考验。能否经受考验很大程度上取决于人们之间的相互理解，取决于是否有能力去倾听。倾听是一项非常宝贵的能力，在中国文化传统中，这是与"成圣"联系在一起的，"圣，通也，从耳，呈声"。

"倾听"与"通达"相关联，通达天地，通达他人；"倾听"的本质不仅仅是听到而已，最为关键的是去倾听自己所不懂的，去熟悉自己所不熟悉的，去理解自己所不理解的，这是一种真正的包容；否则貌似倾听，实则无非听自己想听的，肯定自己所肯定的，理解自己已经理解的。"倾听"意味着一种接纳"他异性"的能力，"听"总是要听"不同"的声音，《左传》说："若以水济水，谁能食之？若琴瑟之专一，谁能听之？同之不可也如是。"在经济全球化时代，不同文明之间的相互"倾听"已成为一项极为重要的品质，学术的良好生态也正是在倾听不同的声音中建立起来的。

"倾听"不只是帮助我们去理解他者，同时也是一个自我认识的过程。正是在倾听他者的过程中，才能够迂回他者，从而更好地发现自己的特点，超越自身的局限。"日月光华·哲学讲堂"在过去五年中已经出版了八种译著，译介的都是过去十多年里国际学术同行在复旦大学的演讲与授课，这些演讲表达了国外同行对于学术问题的深入理解，也表达了他们对于这个时代的深刻思考。古人说，"闻声知情，与天地合德，日月合明，四时合序"。在这个联系日益紧密的人类共同体中，倾听他者，开放思想，兼容并蓄，保持多元与丰富，追求"和而不同"的境界，正是学术同仁的共同理想。

在过去的十多年中，有上百位国际学者来复旦大学哲学学院访问，为师生们传递学术的脉动、思想的力量，为大家呈现出一个精彩纷呈的精神世界。日月光华，旦复旦兮；在倾听中，一个更为阔大的世界跃现眼前，思想的勃勃生机正孕育其中。

是为序。

孙向晨

2021 年 9 月于复旦

# 前　言

汉娜·阿伦特（Hanna Arendt）在 1960 年的"莱辛演说"中曾说，康德的伦理学是非人性的。她给出的理由是，康德并不愿意"为了人性，为了人与人之间的友谊和对话的可能性而牺牲义务"。因为在康德看来，义务是某种绝对的、"超越人性"[1] 的东西。阿伦特深信，康德的义务概念阻碍了"思考"。但从一切人际关系的相对性来看，没有"思考"，就不可能有"友谊"，不可能有"世界的开放性"，不可能有"真正的人类之爱"[2]。阿伦特写道："可以说，人类那活生生的人性被如此地削减，使他放弃了思考，而将自己托付给结果，托付给那些已知或未知的真理，人们仿佛是在通过硬币游戏来解决一切经验问

---

1　参见 Arendt 2018, 80—81.

2　参见 Arendt 2018, 80.

题。"[1] 而阿伦特所推崇的这种"思考"的特点就在于它是"一种无需支撑和辅助，也没有传统的桎梏，可以自由地进行思考"[2]。

如果阿伦特的批判是恰当的，那么我们就应该为了人性而不再严肃地对待康德那些具体的伦理学规则，以及他广义上的实践哲学。但是阿伦特的批判真的是恰当的吗？如果我们尝试根据定言命令的"桎梏"来指导实践，我们就真的"放弃了思考"吗？"唯一真理"的追随者们难道就无法摆脱这种"非人性"的气味吗？

与阿伦特的观点相反，我相信，康德哲学是彻彻底底人性化的。对康德而言，拥有纯粹实践理性不仅仅意味着对于作为理性存在者的自身（它处于善良意志的层面上）有一种抽象的兴趣，同时还意味着我们愿意去认识、保护或实现那些使我们在现实世界中也能够保持自己作为理性存在者的条件。纵观康德的一生，他始终感兴趣于我们能够实现自己的实践理性的那些情境和制度（尤其值得一提的是他的人类学、政治学和针砭时事的作品）。对他而言，毫无疑问，我们的理性本身就会使我们对它的保存产

---

1　参见 Arendt 2018, 52.

2　参见 Arendt 2018, 52.

生兴趣。维护我们在生活中运用理性的前提条件不仅仅是由法律所保障的外在的自由领域。自我保存同样还有赖于社会生活中那些我们可以在其中运用和形成自己的理性的各种实践活动——从教授世界公民社会理念的学校和大学，甚至到餐桌上的社交。康德所提倡的餐桌社交正是一种自由交流、无拘束交谈的社交方式，因为在其中我们可以塑造自己的人性。康德绝不像被批判的那样，想要用义务概念去阻碍思考，他的伦理学和实践哲学也不是为了非人性而服务的。

对康德哲学的研究出于我们对一种启蒙思维方式的兴趣。作为德国启蒙运动中最重要的人物，康德能给今天的我们留下什么启示呢？康德哲学的意义是否仅止于对当时历史条件下的伪科学、形而上学或神学观点的对抗？难道康德的概念和方法在今天只不过是一种去殖民化思潮的反面衬托？对于解答类似这样的问题，我们只能借助启蒙运动的指导性概念：理性。然而各种形式的理性概念在当下遭受到比以往任何时候都猛烈的抨击，甚至大学里的话语自由都受到了以身份认同、个体性和社群为名的质疑，因此，一种从启蒙精神出发对理性进行的批判性辩护似乎已经迫在眉睫。

康德在纯粹理性批判的旗帜之下对于理性的辩护是以

一种看似矛盾的方式来完成的：它通过规划理性的界限来保障我们理性的表达方式。康德不仅否定了近代哲学那种将理性的本性视为实体或单子的观点，还明确地拒斥了一切试图详尽地认识理性本身的尝试。因为理性的特点就在于一种多元化的功能性，而这种功能性如果没有相对应的直观感觉和偏好就会变得空洞。这种能够创造知识的、能够决定自由和自然的、能够塑造我们的审美感受的理性的功能，在一个"思考着的自我"的概念之下得到了统一。康德对笛卡尔的"我思"概念进行了一种以"自我活动"概念为导向的彻底改造：从先验统觉到他在医学和实用人类学中对于疯癫和各种类型的自我丧失的症状的论述，这一改造贯彻于康德的整个哲学。正是在这些作品中，康德把我们的理性的功效带回到了我们永恒而普遍关注的中心：如果我们热爱和珍惜我们的理性，那么它就必须能够给我们的思维定位。它必须使我们能够在一个复杂的、多维的、结构不清晰的世界中以这样一种方式来定位自己，使我们能够确保自己是理性的存在者。因此，在通过使用自己的理性所能够达到的一切目的中，正确地使用理性所达到的那种自我保存（Selbsterhaltung）就显得尤为突出。康德通过一种基于理性自身的兴趣来解释我们对于作为理性存在者的自我保存的兴趣。这种兴趣就是我们对于自身和对于他人的道德约束的基础。在这种情况下，自我保存一方面是指对于我们那种旨在互相理解的理性表达的功效和能力的保存和保护（在拉丁语 conservare 的意义上）。另一方面，这一康德式的自我保存的观念也表现出一种完美主义的态度。因为在与他人、与事物以及与自身的交往中，我们通过对于理性的合理引导和运用所想要达到的是一种可以被称为理性的最大化的理想。在这里同样的"保存"一词（译者注：即 erhalten，该词在德语中就同时有保存和获得两种意思）应该被理解为"获得"（在拉丁语 obtinere 的意义上）。或许我们也可以将其称为斯多葛学派所说的那种"视为己有"（Oikeiosis-Lehre）或"自我掌控"（Selbstaneignung）（参见 Maximilian Forschner），或者是胡塞尔所说的"自我占有"（Selbsthabe）。

康德的那种由理性自身施加于我们的自我保存的义务概念并没有在他的任何一部作品中得到充分的阐述。关于这一概念的讨论可以散见于他关于人类学和逻辑学的著作、手稿以及学生的讲座笔记中。在这些讨论中出现的一些积极的关键概念是自我思考（Selbstdenken）、自我独立（Selbstständigkeit）、自我规定（Selbstbestimmung）、自我掌控（Selbstherrschaft）、自我占有（Selbstbesitz）、自我感受（Selbstgefühl）、自我立法（自律）

（Selbstgesetzgebung、Autonomie）、自我关照（Selbstsorge），以及成年状态（Mündigkeit）、启蒙（Aufklärung）和人性（Humanität）。与此相对的一些消极的关键概念则是外在掌控（Fremdherrschaft）、外在规定（他律）（Fremdbestimmung、Heteronomie）、模仿（Nachahmung）、自我丧失（Selbstverlust）、奴性（Sklaverei）、不成熟状态（Unmündigkeit）和偏见（Vorurteil）。康德对于自我的全方位的关照涵盖了从政治活动到餐桌聚会全方面的研究。其中康德也继承了近代以来围绕着自我保存概念的实践哲学的鲜明传统，但与笛卡尔、洛克和沃尔夫（Christian Wolff）等人相比，康德为自己的研究定下了独特的基调。也正是因为这些特点，康德哲学一直受到有关其时效性的怀疑：因为他一方面将一种有关我们先天的自由规定性的约束性理论（规范性的）问题与定位于现实世界的实用实践问题联系在一起，另一方面，他也将这种规范性理论与自我保存概念中典型的关于我们的知识和生活环境的原则上不确定与开放性的问题联系在一起。

对康德哲学的研究不仅需要耐心，而且要有方法论意识。我深信，对康德哲学的任何讨论都必须从研读他的著作开始——虽然这听起来似乎理所当然。我们不能满足于对他本人文本的解读，也不能局限于对这些著作中的概念、论点和问题的分析[1]。康德是在与其他哲学观点的交互对话之中发展出自己的哲学理论的。他的哲学回应了亚里士多德和柏拉图，回应了莱布尼茨（Gottfried Wilhelm Leibniz）和洛克，回应了鲍姆加登与休谟，等等。如果我们想要理解康德的文本，就不能仅仅理解他写下的文字，而是要同时掌握这些文本的历史语境，和康德哲学在其发展的不同阶段的发展、扩展、修订以及定位。只有这样才能避免我们对康德的解读只存在于我们自己的认知中，而与康德本人的思想没有什么关系。不过，对康德文本的解读并不源自一种自在的目的。作为哲学爱好者，我们所感兴趣的是他的哲学内容。我们很想知道它的考虑是否正确，我们期望它能使我们自己的思想受益，即使我们有充分的理由批评或拒绝它，我们也希望它能在否定的意义上帮助我们指导自己的思想和行动。衡量一种哲学的时效性就在于我们能否靠它来讨论今天仍然会遇到的问题。康德在两百多年前就已经去世了，但是他的著作能够给我们留下一些线索，帮助我们推测他在面对当代的问题时会持有怎样的观点。

---

1 关于哲学史对独立的（系统的）哲学的重要性可以参见 Klemme 2008.

本书讨论了康德实践哲学的各个方面，尤其是康德实践哲学的历史背景、系统评价和哲学意义。在第一讲《康德论医学与人的健康——关乎哲学、自我保存与人道》中，我首先讨论了康德哲学的意义。康德一生都热衷于研究医学，喜欢思考人类肉体与灵魂层面上的各种健康问题。尽管医学与哲学看似两个互不相干的学科，但它们之间还是存在紧密的联系。不单在"实用人类学"的讲座中，而且在著作《实用人类学》和《学科之争》中，康德都按照一些核心概念（诸如哲学的治疗术、病感、思维上的节食、健康的理性）阐述了一种更加详尽和"广义"的健康概念。另外，康德指出，对于学者的健康而言，一种旨在提升我们人文性的餐桌社交，始于叙事而止于欢笑，具有特别重要的意义。不过需要强调的是，康德对自我保存的哲学意义以及与之相关的概念（自我决定、自我独立、自我关照等）的研究在这篇文章中还没有得到结论性的处理。对于这些问题的研究将在我的两本正在编写的专著《康德的应用伦理学》和《保持自身：康德对当代理性的辩护》中进一步探讨。

在第二讲《道德的约束性如何可能——历史语境下的康德"自律原则"》中，我将通过在普芬道夫（Samuel Pufendorf）、莱布尼茨、沃尔夫和克鲁修斯（Christian

August Crusius）之间的争论去讨论康德伦理学的约束性（Verbindlichkeit）概念的历史语境。尤其是沃尔夫关于"普遍的实践哲学"的观念被证明对于理解康德的约束性概念的问题意识而言是极为重要的。这说明，康德的自律概念是作为解决以下问题的方法而被提出的，即"道德的约束性是如何可能的？"纵观康德的一生，他赋予了约束性概念以最高的重要性。他深信，伦理学的任务就是对这个概念的澄清。

在第三讲《约束性的根据——门德尔松与康德论道德哲学中的明证性》中，我将讨论门德尔松（Moses Mendelssohn）与康德在他们的获奖征文中阐述的约束性与道德明证性的概念。我将论证门德尔松以意义重大的方式离开了沃尔夫的立场，而康德则倾向于用牛顿主义的方法论克服沃尔夫哲学，但仍然在很大程度上依靠沃尔夫以及一种在形而上学之内发展伦理学的计划。尽管有些类似于哈奇森的哲学，但康德仍然表现出了想要将他的伦理学奠基于一种革新性的约束性概念的明确倾向，这与克鲁修斯对约束性的阐释共享了一些相似性。

我通过第四讲《自由与自然必然性的对立——克里斯蒂安·加尔韦的问题与康德的解决》进一步阐释康德伦理学的立场，以《道德形而上学奠基》的第三章为对象，将康德伦理学置于一场命定论与任意论的争论之中。加尔韦（Christian Garve）尝试在一种怀疑论的不可知论立场上调和这两种观点，他认为由于我们能够确信德性的实在性，那么作为现实的自然必然性和作为道德之前提的自由这两种立场必定能够结合起来，在这里需要负责的并不是道德的现实性，而是我们思辨能力的不足。与此相对地，康德却认为加尔韦这种基于怀疑主义的自然与自由的相容论事实上和命定论之间有某种程度的联系，因而将道德哲学置于如此危险的境地之中。与此相对地，康德运用一种在诉讼中使用的"授权"和"演绎"方法，基于先验观念论对思辨理性的批判，使得道德哲学能够通过对于自由概念在道德领域中的实践运用得到保障。最终，自然与自由之间的冲突被归化于我们并非在理论上，而是在实践上对"真正的自我"的理解。我将康德这种实践的演绎称为一种"弱的、消极的、归谬的"论证，并且回击了学界所普遍认为的《道德形而上学奠基》第三章中先验论证的失败。

第五讲《"真正的自我"（康德）还是"原初的自我存在"（亨利希）（Dieter Henrich）——论康德自我概念的一些特征》始于迪特·亨利希在1960年起一系列开创性的论文，其中亨利希讨论了现代自我意识概念的起源和康德对此的贡献。亨利希对这个概念起源的哲学兴趣基于这样一个假设，即自我意识是理解我们的"原初的自我存在（ursprüngliches Selbstsein）"的线索。亨利希试图通过"原初的自我存在"去回答海德格尔对于现代哲学的批判，尤其是对自我意识的批判。在这篇文章中，我会论证亨利希对康德的批判归根结底并不能令人信服。倒是康德似乎有一些论证能够否定亨利希意义上的对自己"原初的自我存在"的意识的可能性。康德关于"真正的"或者"恰当的自我（eigentliches Selbst）"的概念并不是我们生命的诠释学对象，而是道德哲学的一个核心概念，它的含义体现在道德法则之中。

我以《法的概念：康德及其继承者》一讲为本书收尾。在该讲中，我首先通过解读鲁道夫·斯塔姆勒（Rudolf Stammler）、汉斯·凯尔森（Hans Kelsen）和于尔根·哈贝马斯（Jürgen Habermas）的思想，从历史的视角去考察了法权和法的有效性概念。其次，为了更好地理解康德法权学说中的法权、法和义务概念的特殊性，我将重点关注其自然状态下的私人法权、从私人法权向公共法权的过渡，以及在公共法权中抵制权的缺失的问题。最后，我尝试对于康德的自由和法权学说提供某种现代的、系统的视角。

本书内容来自近年来我在中国、欧洲、南美和美国各大学的演讲和讲座。尤其是 2017 年，我应邓安庆教授和朱会辉教授邀请在复旦大学和北京师范大学举办的讲座中，那一系列讨论使我特别受益。尤其感谢邓安庆教授，没有他，就没有这本书的诞生。此外，我还要感谢孙向晨教授在 2020 年访问哈勒大学期间对于出版一部中文版书所提出的友好的邀请和建议。同样需要感谢的还有林晖教授以及东方出版中心的刘佩英女士、冯媛编辑、周心怡编辑，以及负责中文翻译的钱康同学和杨丽、李彬老师。

# 目　录　| Contents

# 第一讲

## 康德论医学与人的健康

### ——关乎哲学、自我保存与人道 [1]

---

1 本章得到了欧盟"地平线2020"研究和创新计划的资助，该计划由欧州联盟委员会的玛丽 - 斯科沃多夫斯卡 - 居里研究奖助计划拨款，协议号777786。（The project leading to this application has received funding from the European Union's Horizon 2020 research and innovation program under the Marie Sklodowska-Curie grant agreement No. 777786.）

## 1. 哲学与医学

根据普鲁士王国的规定，任何一个被哥尼斯堡大学录取的学生都必须在三个高阶系科，即医学系、法律系以及神学系中选择一个作为自己的专业志愿。通常学生的志愿会被记录在录取注册表中，但是康德和其他同学入学时的大学校长却没能做到这一点，因此，我们现在没法确定康德的志愿是这三个学科中的哪一个。康德从没有书面回应过这个问题，如果我们想要知道康德最开始的学习计划，我们就需要借助其他的消息来源。根据传记作家路德维希·恩斯特·布洛夫斯基（Ludwig Ernst Borowski）的记载，康德的志愿是神学[1]。这或许会是一个不错的选择，因为哥尼斯堡大

---

1　参见 Klemme 1994, 35—37.

学的神学家舒尔茨[1]（Franz Albert Schultz）是这一领域的重要代表。舒尔茨曾在当时普鲁士最重要的大学哈勒大学接受教育，并且曾任弗雷德里希学院（康德在 1733 年到 1740 年就读于这所学校）的院长。舒尔茨认为，在理性和信仰（恩典）之间，或者说，在虔敬主义和沃尔夫的理性主义之间不存在对立。沃尔夫在他 1721 年著名的校长卸任演说《论中国人的实践哲学》（*Oratio de Sinarum philosophia practica/ Rede über die praktische Philosophie der Chinesen*）[2] 中宣称，即使是非基督教的儒家也能够基于他们的理性认识道德法则。这对于虔敬主义而言是一个不可接受的观点。不过我并不打算进一步讨论哥尼斯堡大学的神学系，因为布洛夫斯基的记载与康德的好友兼同学克里斯多夫·弗雷德里希·海尔斯贝格（Christoph Friedrich Heilsberg）提供的信息互相矛盾。海尔斯贝格说他曾和康德一同参加过舒尔茨的讲座，舒尔茨曾问过康德

---

1 参见 Klemme 1994, 21—27, 以及 Klemme 2010, 700.

2 这篇讲演的现代双语（拉丁语、德语）译本由（阿尔布雷克特）Michael Albrecht 于 1985 年在德国汉堡出版。

的志愿，康德的回答是"想要成为一名医生"[1]。然而很长一段时间内（康德于 1740 年在大学注册）康德都不能认真地追求这一目标。1748 年 10 月 23 日康德在获得赞助的情况下在东普鲁士尤德申（Judtschen，今俄罗斯加里宁格勒州的韦谢洛夫卡 Wessjolowka）的教区记事簿中被登记为"哲学学生"（studiosus philosohiae）[2]。

哲学在 18 世纪还是一个十分冷门的学科，康德来自一个条件一般的家庭，他必须希望将来自己能够在经济上独立。哲学属于每一个学生都必须修习的基础系科，但是在哲学课程中人们不能学到任何能够直接用来糊口的营生，除非成为哲学教授。康德在他早期求学生涯中极有可能就是这么打算的，我们知道，康德从未遭受过自信心不足的困扰。康德在他 1746 年完成的第一份著作手稿中就毫不谦虚地表达了，他将作为科学家和哲学家走上成功的道

---

1　参见 Klemme 1994, 35。关于康德当时的医学讨论以及康德哲学对于医学的影响参见 Wiesing 2005, 84—116.

2　参见 Klemme 1994, 37.

路，并且能够与他同时代的权威们——莱布尼茨与牛顿——相提并论。这部著作被推迟到了 1749 年才出版，它的标题是《关于生命力的真正测算的思考以及对莱布尼茨先生和其他力学家在这一有争执问题上所使用的证明的评判……》。莱辛曾用一首讽刺诗嘲弄康德的这篇著作：康德揽下了一项重活 / 给这个世界讲课 / 他测算生命的力 / 却唯独不掂量自己的斤两。康德并没有被这首诗逗笑。不过我们并不需要进一步关心康德这篇作品的内容及其哲学与科学价值，我们现在感兴趣的部分只在于，康德在题词中写到将本作品献给约翰·克里斯多夫·博留斯。就像康德用大写字母表示的那样，博留斯是"医学博士，哥尼斯堡科学院及王家人体医学院次席编内教授，我至堪敬慕的赞助人"。康德深深地感谢他的这位"赞助人"博留斯的"友善"，并且希望自己将来终有一天能够为他服务，康德还强调了他承担这一切义务的"约束力"。康德曾写了至少三页的详尽献词，这是在 1747 年的 4 月 22 日——也就是康德 23 岁生日的那一天。

康德认为自己对博留斯负有义务。那么博留斯是否为康德的学业提供了一些建议或支持呢？很有可能，但是我们不能确定。毫无疑问的是，海尔斯贝格的证言与康德对博留斯的致谢证明了，康德在学生时期一度与医学及其学界的代表人物走得很近。事实上，康德想要成为哲学家的这一决定并不等同于否定了他在医学和神学上的兴趣。因为康德通过研究哲学而致力于一种能够涵盖所有其他科学的学科。从大学学科制度上来说，哲学或许只是基础系科，但是就事物本身的等级而言哲学却是第一位的。名副其实的哲学家必须能够一方面基于理性的精神设计我们的知识体系，另一方面也要能够关涉到各个学科的具体细节。

## 2. 哲学之优先性

在 1798 年出版的最后一本著作《系科之争》中，康德详尽阐述了哲学系与其他三个高阶系科的关系。康德毫不意外地认为（就像数十年前的沃尔夫一样）哲学应该具有优先性。他坚信，哲学本身的特征就是自由，而这种自由又体现在哲学家能够对高阶系科所涉及的有效性宣称进行进一步的批判和审查的权限与"合法要求"之中。这里有两点值得我们注意：

第一，只有当哲学家也具有必要的专业知识时，他才能够审查由其他学科提出的有效性或真实性诉求。毋庸置疑，康德在他的一生中都始终致力于掌握相应的神学、法学或医学领域的专业知识。

第二，对神学、法学和医学提出的有效性或真实性诉求的批判、自由审查的行动显然不应仅仅局限于那些至少有着哲学硕士学位的人。康德将哲学理解为一种特定的精神活动。康德用动词化的"做哲学思考（philosophieren）"来表达这种活动。因此，如果神学家自由地反思上帝的存在证明，那他就变成了哲学家；如果法学家自问什么是正义，或者正义和伦理之间有什么样的关系，那他就变成了哲学家；如果医学家反思身体与思想的关系，或者尝试找到灵魂在肉体中的位置，那他就也变成了哲学家。就像康德在《系科之争》中强调的那样，哲学家一方面有"关于理性终极目的的整体兴趣（这个目的是一个绝对的统一体）"[1]，并且为此而努力"扩充他的知识"[2]。而医学的兴趣（在这个例子中）直接地适用于其专业领域内的内容和方法，不过也能够间接地适用于哲学。因为就像前面所说的那样，如果医生也尝试回答关于我们理性的最终目的的问题，那他就变为哲学家了。即使他只想当一个医生，但他所做的工作也会对我们的思想产生影响。因为肉体与精神之间无疑存在着"相互作用"[3]。"思想的器官"是大脑，而大脑是我们身体的一部分。如果我们的身体受到了伤害，我们就很难再进行思考；如果医生的治疗有效，那也将有助

---

1　Kant AA 7: 102。本书中对于除《纯粹理性批判》之外的康德原文的引用采用普鲁士科学院的标准版本卷次和页码，即 Gesammelte Schriften, Hrsg. von der Königl. Preußischen Akademie der Wissenschaften (u.a.), Berlin 1900 ff., zitiert. (Sigel AA)。对《纯粹理性批判》的引用则采用惯例的 A、B 版页码的引用方式。引用康德著作全集前九卷的中文翻译以李秋零译《康德著作全集》为底本，在语法和术语翻译上根据具体上下文进行了些许改动。

2　Kant AA 7: 102.

3　参见 Immanuel Kant 1999, 358—364 (354—366), 358。这是康德在 1781 年的校长演说（De Medicina Corporis, quae Philosophorum est）的德语译本，见于 AA 15: 939—951, Reflexion 1526.

于我们的思想活动。尽管在 18 世纪还没有现代意义上的心理学和精神病学，康德也并没有将医生治疗的对象限制在身体上；也有一种被称为"灵魂医生"的人，他处理的是"心灵的病症"[1]。关于这一点我们在后文会有详尽的讨论。此外，康德所提到的哲学家们对高阶系科的研究结果进行批判性审查的自由，表达了他的这一观点，即如果我们被禁止作自由的判断或运用理性，那我们甚至都没办法正确地思考。用现代的话说就是，如果人被剥夺了研究和教育的自由，他们的思想就会受到损害[2]。

## 3. 哲学对于医学与健康的意义

让我们重新回到哲学与医学的关系上来。就像医生能够处理身体和精神的自然疾病一样，哲学对医学的贡献也不在于对医学的专业教条的批判和自由的评

---

1  AA 7: 251.

2  参见康德的论文《如何在思维中确定方向》，尤其是 AA 8: 144—147.

判。康德认为，哲学本身就能够成为医学并为人类的健康作出贡献。但是哲学既不能用来治疗骨折也不能利落地去除溃疡，那它究竟有何贡献呢？至少康德确信：这两个系科之间的界限绝不能被模糊化[1]。"为了更好地达到我们的目标"，在1786年10月1日的校长演说中，康德这样解释道："我认为应该特别注意的是，在让事物之本性变得完善的道路上，医生与哲学家之间不会有什么矛盾，也不会僭越他们各自职业的真正界限。如像让哲学家扮演医生或让医生扮演哲学家那样，两者之间的界限毫无疑问是这样的：对于医生而言，他们要通过应用于身体的方式来帮助治疗精神的疾病，而对哲学家而言则要通过影响人的精神来帮助其身体疾病的治疗。"[2]

在《系科之争》中康德说了这样一段话："哲学，或者说哲学的精神"能够"预防疾病"[3]，它是消极

---

1　参见 Kant 1999, 360.

2　参见 Kant 1999, 360.

3　AA 7: 98.

地、以养生学的方式起作用；养生学的对象是"病感"（krankhafte Gefühle），我们"通过单纯的坚定决心来控制病感"的力量称之为"人类心灵的力量"。"药物是否仅仅通过感觉的力量以及心灵的活动渗透全身并保持活力，就像施塔尔（Georg Ernst Stahl）说的那样，这种力量很大程度上是否仅仅是机械的自然力量"——施塔尔在哈勒的同事弗雷德里希·霍夫曼就这样强调，康德也认为——"这些问题应当由专业医者来判断。但是人类的思维能力是否能够产生某种特殊的力量，超越他作为有生命的动物的限制，关于这一点的判断就是哲学家的工作"[1]。这是一个使所有哲学爱好者感到欣喜的消息：尽管哲学并不具有任何关于身体的医学知识，但它却恰恰能够作为一种"治疗术"，"这种治疗术如果仅仅通过人心中的理性，以一种自己给予自己的原理来控制感性的那种力量去规定生活方式，就是哲学的"[2]。

---

1　参见 Kant 1999, 361—362.

2　AA 7: 100—101.

　　康德对于旨在延长生命和以健康为导向的哲学治疗术的定义，揭示了康德哲学以下几个特点：

　　第一，感性与理性之间存在对立。

　　第二，理性能够控制感性。这里需要注意的是，康德在其他一些地方也提到了"心灵的力量"。"心灵"是"animus"的拉丁语翻译，它被视为精神与肉体、理性与肉体的交接处。通过使用"心灵"这个词，康德想要表明，必须要有作为整体的人的努力才能够"通过单纯的坚定决心来控制病感"。理性构建了法则，也决定了我们的意志。但是如果我们想要达到上述这种掌控力，我们首先必须坚定我们的个性。康德或许回应了一些疑问（从康德的学生整理出来的人类学讲座的笔记中我们可以得知这一点），并不是所有人，当然也并不是所有性别的人都能有同样的能力。（但这是我们现在必须搁置的另一个话题。）

　　第三，康德有这样一种想法，即理性能够通过自己给予的原理来达到这种（对感性的）统治或控制。康德同样也称原理为准则。我们必须在治疗术中也找到像在道德哲学中那样能被提升为普遍法则的准则或原理。不过我们绝不能忽视治疗术与道德哲学之间的一个重要区别：尽管对主体之动物性和道德性的自我保存，对于康德而言是每个人的义务，但是哲学治疗术的原理却没有表达任何道德义务，它涉及的毕竟只是明智的原理。明智意味着遵循那些指导我们实现行动之目的的原理。这也是为什么康德在《系科之争》中基于他自己的经验来尝试为养生学的原理进行奠基。

　　总结一下：我们能够通过理性或是心灵来成为自己病感的掌控者。而关于疾病的概念本身则解释了我们为什么想要成为这样的掌控者——没人希望自己是有病的。至于通过哪一种原理人们能够达到目标，这要依据经验而定。然而康德还是希望能有一种普遍有效的原理，即使它不具备法则的特征。关于人们不仅仅意愿保持健康，同时康德也认为人们应当保持健康，这一点已经通过我们有自我保存的义务得到说明。因此，哲学的治疗术不仅仅展现为对我们的健康有贡献，我们对健康则是有着本源性的兴趣。在医学的治疗术之外，哲学的治疗术对于我们履行自我保存的义务也是具有重要意义的。

## 4. 疾病与健康

哲学治疗术是一种理论教条，但它的实践却体现为我们对病感的克服。康德是如何理解疾病的？感觉在何种程度上可以是病态的？康德看上去并没有发展出一种统一的关于疾病的概念，至少没有对这一概念作出全面解释。毫无疑问，疾病是对健康的否定，而健康则意味着能够无损害地运用那些自然的精神和身体能力。但是到底什么是健康却仍不是十分清楚。一方面我们能够自我感觉健康，即使我们已经病了。另一方面我们常常感觉自己病了，尽管我们事实上还是健康的。这种"实际上"是健康的却还是自我感觉病了，康德认为这也是一种病。那些自我感觉生病了的人，就是病了，因为他不能以他应当有的自我感觉去感觉自己，也就是他不能感觉自己是健康的。并不是所有疾病都会导致死亡，但是死亡作为我们生命的终点总是有一个自然的原因："自然死亡的任何原因都是疾病；不管人们是否感觉到它。"[1]因此，病感不是指那

---

1　AA 7: 100.

种揭示疾病（甚至是致死的疾病）的感觉，病感更多地是指干扰，或者说是迷乱我们心灵的自然秩序的感觉。康德在他 1764 年的《试论大脑的疾病》一文中写道："迷乱者也就是一个清醒的做梦者。"[1]

那些受困于病感的人不再是他自己的主人，他迷失了自己，不再能够运用他的理性，也不能够遵循那种促进"他的自我保存"的"理性原理"[2]。康德并不怎么讨论那些有生理原因的病感，因为这属于医生的职权范围，他更感兴趣的是那种通过我们心灵的力量能够治愈的病理学。这就存在一个悖论性的情况：得病的心灵需要靠自己治疗自己。哲学治疗术只将那种能够被心灵的力量、我们的理性或者慎思纠正的感觉认定是有病的。这就使得这种感觉有这样一个特征：尽管它是一种属于肉体性的自然本性的感觉，但克服它的手段却是人类的精神。

康德在《系科之争》中关于病感的论述是基于

---

1　AA 2: 265.

2　AA 15: 1509, Refl. 823.

一系列以"疑心病"（译注：李秋零译本为"忧郁症"）为关键词的并没有严格顺序的基本思考，康德的论述分为以下几个部分："论睡眠""论饮食""论出自不合时的思维病感""论在呼吸时通过决心来清除和预防病感"以及"论紧闭双唇的呼吸习惯之结果"。我在这里的讨论仅限于疑心病和"论出自不合时的思维病感"以及"论紧闭双唇的呼吸习惯之结果"。

康德将疑心病定义为心灵强大的反面："胆怯地沉溺于自己一般而言的病感，而没有一个确定的客体（因而不去尝试通过自己的理性去控制它们）。"[1]这种不敢战胜病感的胆怯也被康德称为是"臆症"。这种病症的病因是什么呢？康德的回答是：臆症"在身体中根本没有确定的位置"，它只是"想象力的产物"，"因此也可以叫作虚构性的"[2]。由于患者相信，"在自己身上发现了他从书上读到的一切疾病。这种软弱，

--------

1　AA 7: 103.

2　AA 7: 103.

与心灵控制自己的病感的那种能力截然对立，亦即是沮丧，对人们可能遭遇的灾祸苦思冥想，不能在它们来临时抵抗它们；它是一种妄念，当然会以某种病症（胀气或者便秘）为基础，但不是像它刺激感官那样被直接感觉到，而是被诗意的想象力假想成即将来临的灾祸"[1]。

胆怯基于诗意的想象力，这是一种我们目前还没讨论过的能力。想象力在康德哲学中扮演了非常重要的角色。在美学中，康德正是基于想象力和知性的自由活动将审美归结于这样一种感觉，即我们在一种纯粹审美性的鉴赏判断中会去表达"这是美的"。作为先验判断力，它能够使我们在时空中被给予的表象统一在先验统觉之下，并且以这种方式使经验成为可能。但是想象力也能够将被给予的表象联想地或是诗意地联系在一起。然而将诗当作真实，或是将梦当作现实的人，是有问题的。就像疑心病患者将仅仅是可能的世界当成了真实的世界。想象中的疾病，对他们而言

---

1　AA 7: 103.

确实是一种真实遭受的疾病。康德承认，由于他本人体弱多病，他自己也始终有疑心病的倾向。但是人们只要愿意，就能够战胜这种疾病。心灵有能力自己治愈自己。

我们现在来看《论出自不合时的思维病感》一章，在这一章里康德借鉴了他关于"想象力的自由活动"的概念[1]。关于这一概念，我们将会在下一步中对应于康德"广义"的健康概念来处理。

首先还是先回到《论出自不合时的思维病感》一章。康德一开始就强调了思维对于思考着的人的重要性："对于一个学者来说，思维是一种营养，离开这种营养，当他清醒且独处的时候，他就不能生活。这种营养或许就在于学习（读书），或在于构想（沉思和发现）。"思考是个好事，但是总有一些时候，我们最好不要进行太多或者太紧张的思考。在这时紧张的思考反而会使我们得病。那在什么样的时候才会这样呢？康德解释道："但是，在吃饭或者走路的时候

---

1　AA 7: 109.

同时苦苦思索某个特定的思想，让头和胃或者头和脚同时承担两种工作，前者将产生疑心病，后者将产生晕眩。"[1]对那些不想患上疑心病和晕眩的人，康德提出的建议是不要在吃饭或走路的时候进行哲学思考。这种精神的活动最好应该与"胃和脚的机械活动"[2]交替进行。

与此相关有两点值得注意的地方：首先，康德关于疑心病和晕眩的论述对古典哲学的爱好者来说并不是什么好消息。那些极为重视《会饮》的古希腊参加者们最终都成为了疑心病者。而那些不想停下脚步的斯多亚派的追随者们也无怪乎在走了一天之后会产生晕眩感。同样对于德国人来说很著名的哲学家小径——比如海德堡的那条——同样也不能期望这对那些一脸严肃地散步的人的健康有什么好处。在哲学家小径上散步可以将他引向"林中路"，而在终点他还必须得去找他的家庭医生。

---

1　AA 7: 109.

2　AA 7: 109.

其次,康德有一名直系学生马库斯·赫尔茨(Marcus Herz),他与康德是终身好友。赫尔茨 1786 年在柏林发表了一篇文章,名为《试论晕眩》[1]。赫尔茨曾求学于康德直到 1770 年,之后于 1772 年至 1774 年在哈勒当了一名医生,同时他也在哈勒继续读了博士并且行医,随后在柏林的犹太医院里当医生。赫尔茨更多的是站在医生的角度而不是哲学家的角度来讨论晕眩的。不过最重要的是,他主张心理学应该被视为自然科学的一部分而不是(像当时普遍认为的那样)哲学的一部分。赫尔茨写道:"但是,我再重复一遍,人们或许可以按照他们的意愿去理解思辨哲学,但心理学并不属于它的领域,而是跟关于身体的科学一样构成了自然学的一部分。它的原理和身体科学一样都是取自经验的;灵魂的性质是借助内感官,而身体的性质是借助外感官而被直观地认识到的……但是作为自然的研究中绝对不可或缺的医生,他们绝不能忽视这种重

---

1　贝蒂娜·施汤内特(Bettina Stangneth)在汉堡(Hamburg 2019)全新出版了这篇文章扩充后的第二版(Berlin 1791)。

要的自然的对象。"[1] 他认为"灵魂的病症"[2] 有着物理的原因并且也必须以物理的手段被治疗。

本讲并不试图进一步讨论康德与赫尔茨立场的异同。我想要指出的是：在康德时代，关于医学、心理学和哲学之间关系的共识，就跟关于身体与心灵的性质和相互作用的共识一样少。一方面康德同意赫尔茨，经验心理学是一门自然学说[3]；但是另一方面心理学的对象（人类的灵魂、精神、心灵、思想）与先验哲学和实用人类学之间的关系又过于紧密，以至于很难将它单纯地归于自然学说。康德的哲学治疗术不能被还原为经验心理学，因为它的背景与两个不能自然化的概念有关，也就是纯粹理性和自由的概念。因此也无怪乎康德付出了巨大的努力，将经验心理学转化为实用人类学。在其中，康德研究人类是如何在世界中运用他们的自由的。在实用人类学中，康德也毫不意外

---

1　参见 Herz 1786, XL—XLI.

2　参见 Herz 1786, XLII.

3　参见 A 848/B 876 ff.

地讨论了"心灵的疾病"[1]。

让我们再回到"思维上的节食"这个概念。想要在精神和身体上锻炼自己的人就必须遵守这种节食。吃饭与散步应当是我们用来"恢复"的时间，我们在这段时间里应该"阻止有意的思维，听凭想象力的（与机械活动类似的）自由活动；但是，对于一位研究者来说，为此就要求对在思维上的节食有一种普遍的坚定决心（也就是原理——作者注）"[2]。我们必须遵守"思维上的节食"这一原理！谁能想到这位写出了《纯粹理性批判》，发现了定言命令的康德居然会给我们提出这样的建议。康德预测，如果我们无视了这条建议，我们就会患上"病感"。康德指出，其原因在于："因为生命力被大脑的工作从人们使之承受负担的胃引开了。"[3]作为特别有效的放松手段，康德建议"自由地散步"，因为它的意图在于"通过对象的更替来使自己对每一个

---

1　AA 7: 251.

2　AA 7: 109.

3　AA 7: 109.

个别对象的注意力松弛下来"[1]。这就是"想象力的自由活动",或者说,是不试图对事物进行法则上的规定和认识的一种表象的联想与结合,它拉开了我们与事物之间的距离,使我们在思维工作中不会强烈地受其影响。

## 5. 愉快的宴会

谁要是认为,健康所必需的放松所需要的自由,无拘束地使用我们的认识能力,是由一个人单独去完成的,那他跟康德就不是一路人。促进"想象力的自由活动"最理想的一项活动,就是在一次愉快的宴会上自由地交换想法。"精神不光是无忧无虑就愉快的,而且还要通过玩笑与游戏被刺激而兴奋起来,并且像在一场已经开始的比赛中那样,在赴宴者们的鼓动下,使得说话者的热度达到激动的极限,这样的精神在饭桌上能很大程度地促进身体的各种机能,每天都共同参加盛宴的一些人是体会到了这一点的;有人在

---

1　AA 7: 109 Anm.

这种情况下能够吃完他的食物，或者大快朵颐，但有些人在独自进食的时候，甚至都不能吃掉其中一半的食物。这就体现出，人类兴奋的精神具有一种神奇的力量，一种能够提高身体的力量，只要它还是在精神的界限内，而且精神仍然是它自己的主人。然而一旦它突破了这个界限，从而将理性的限制置之脑后，那它用来破坏和动摇生命原则的动力就将会是令人难以置信的。"[1]哲学家为那些寻求"更加关注身体"证明的人提供了一条法则："尽可能地与同伴一起用餐，这不仅可以通过休闲来恢复精神，而且还能通过一种可以促进健康的闲谈而使自己感到愉悦。"[2]如果想要保养精神，那就不能在宴会中过量进食与饮酒。但是，康德认为适量地品酒能够增进社交性，是我们应赞赏的。但是我们应该避免啤酒和白兰地。因为喝啤酒会使人感到疲倦，而饮用白兰地则会使我们陷入孤独。正确的选择是葡萄酒。康德在他的人类学讲座中解释

---

1 参见 Kant 1999, 364.

2 参见 Kant 1999, 365.

说："饮酒就其是促进幸福的手段而言并不是一种错误；当然，如果他喝醉了，那他就有碍宴会的乐趣；但是在他陷入烂醉之前，他可以使宴会变得欢快，因为他促进了对话和情绪，消除了所有人在赴宴时想要保持举止得体的矜持……我们很高兴能够摆脱造作的束缚。"[1] 康德在 1781 年或 1782 年的冬季学期讲座中谈到了他个人的经验："人们在和他们最好的朋友一起坐在餐桌前的时刻是最愉快的，因为他们知道，即使他们无意间失言了，也不会冒犯到任何人。"[2] 康德批评了他那个时代的简朴主义："我们的时代是更加推崇清醒的时代，但这是否证明了道德的改善，这仍是一个问题。"独自一人在房间里喝醉是"低劣"的，因为社交性是"人们唯一能够因此而推荐他人饮酒"，或为饮酒者辩解的理由。而且更妙的是，人们还能引述罗马时代的权威："塔西佗说，德意志人在饮酒时作决定，这使得他们的决定十分果断，同时他们会在

---

1　AA 25: 940.

2　AA 25: 942.

清醒的时候慎思，这使得他们能很好地执行这些决定。这对于当时的德意志那样的民族而言是必要的。"[1] 愉快的宴会是以大笑结束。"如果笑是大声的和善意的，身体就通过横膈膜和内脏的运动，使笑真正有利于胃的消化和身体的健康。"[2] 就像俗语说的那样，我们不会笑死自己。相反，如果这是发自内心的笑，我们越笑就会越健康。与此相应地，康德在人类学讲座中也讲了笑话。学生应该自己感觉一下笑话对他们自己有什么积极的影响，因为笑话，更准确地说，是精神激活了我们的心灵。"精神是赋予人以生命原则的东西。"[3]

## 6. 广义的健康概念

康德在 1786 年的校长演说和《系科之争》中关于疾病与健康、哲学与医学以及灵魂与肉体的论述通常

---

1　AA 25: 942.

2　AA 7: 281.

3　AA 7: 225.

都只是碎片性的，或者至少是不完整的，也经常是非系统性的。在基于18世纪70年代开始的讲座内容而出版的《实用人类学》中，康德的论述有着相对更强的结构。但是比起1786年校长演说和《系科之争》，在《实用人类学》中缺少了与医学的具体关系。然而康德广义的健康概念——就像我在本讲开篇所提到的那样——毫无疑问是与医学相关的。作为本讲的收尾部分，我想要讨论一下这个广义的健康概念。

康德将人类的认知能力（指一种广义的认知能力，与后面狭义的认知能力区分——译者注）分为三种具体的能力：首先是认识能力（其中可分为知性、判断力和理性），其次是愉快和不愉快的情感（冲动）以及欲求能力（倾向、欲望、偏好、情欲）。所有这三种能力都能导向病理学。

让我们先从狭义的认知能力开始。"健全的理智"就是"正确的知性"。它表现为"概念对于其使用目的的适宜性"[1]。康德总结了三条正确使用知性的守则：

---

1　AA 7: 198.

"①自己思维；②（在与人们交流中）站在他人位置上思维；③任何时候都与自身一致地思维。"[1] 谁在市民事务上不能够运用他自己的理性，那他就会被康德称为未成熟的人。如果时间允许的话，我们可以将"未成熟（Unmündigkeit，受监护）"这一概念毫无阻碍地运用于康德的启蒙概念之上，而康德对后者的著名定义是"人从他咎由自取的受监护状态中走出来"[2]。不过在这里不方便进一步展开[3]。

康德认为"认知能力的错误，要么是心灵的孱弱，要么就是心灵的疾病"。心灵的孱弱就比如说是判断力不伴随着机智，那它就是愚笨[4]。心灵的疾病则被康德划分为"臆症（疑心病）"和"精神失常（躁狂

---

1　AA 7: 200.

2　AA 8: 35.

3　我在这里之所以提到启蒙概念是为了说明，如果我们想要对康德的疾病和健康概念有一个完整的认识，我们就要进入康德其他一些可能是目前的主题"康德与医学"之外的思想。

4　"缺乏判断力且无机智就是愚笨（stupiditas）"（AA 7: 204）。

症）"[1]。康德承认，"对根本地、不可救药地紊乱的东西作出一种体统的划分是很难的。致力于研究它也很少有用"[2]。之所以没什么用是因为这种疾病是"源自自然"的"对人性的羞辱"[3]。心灵的疾病是一种人类对其结果无法承担责任的、只能一味承受的事件。不像在其他身体性的疾病那里那样，"人性的力量"并不起作用。

康德将"精神错乱"划分为三种。分别是骚乱的"荒唐（amentia）"、有条理的"妄念（dementia）"和虽然是有条理但却是残缺不全的"狂妄（insania）"，以及系统的"癫狂（vesania）"[4]。所有这些"精神错乱"都被康德认为是"根本地和不可救药地紊乱"[5]。谁罹患了这些疾病，他也就理所当然不能算是成熟的人，

---

1 AA 7: 212.

2 AA 7: 214.

3 AA 7: 214.

4 AA 7: 214—215.

5 AA 7: 214.

或是无法变成成熟状态的人。自然使这些人注定是未成熟(受监护)的状态。这样的人就需要其他人的引导。人们可以称之为因病而受限于未成熟状态。与之相对的是另一种起源于人类意欲的未成熟状态。它的起因不是疾病，而是自我招致的，即使它看上去像是疾病一样。

我们理性的统治地位也可能会被激情或情欲动摇。让我们将讨论限制在属于欲求能力的情欲上，康德将它定义为如此之强的禀性，以至于人类很难或者说实际上完全不能抵抗它。康德始终强调情欲对于我们理性使用的毁灭性作用。就像在《实用人类学》中提到的那样，情欲"对于纯粹实践理性来说是个痼疾，而且多半无法治愈，因为病人不愿意被治愈，甚至还想要摆脱那种唯一能够治愈他的原理的统治"[1]。激情只是"对自由和自我控制造成一种瞬间的损害"，而情欲"则放弃自由和自我控制，并且在奴隶意识上找到自己的愉快和满足。然而由于理性不放松对内

---

1 AA 7: 266.

在自由的呼吁，不幸的人就只能在自己的枷锁之下呻吟，尽管如此，他仍不能挣脱这枷锁，因为这枷锁仿佛是已经与他的肢体长在一起"[1]。但是只要我们愿意，即使是阻碍我们纯粹理性运用的情欲也能够被战胜。只要我们愿意，我们就能掌控情欲，就能保持理性，变得成熟（无需监护）。而如果我们放任自己跟随情欲，放弃按照准则来行动，这就是对我们自己的自我羞辱。这种羞辱在"感性欲求"的层面就已经发生。因为"所有限制我们自由的东西"都被我们认为是"羞辱的"[2]。因此，在康德的人类学讲座中"羞辱"这个概念是十分广义的。羞辱是一种主观上的感觉，一旦我们被置于和"物品"同一个等级，或是感觉到自己处于这一等级时，我们就会感受到这种"羞辱"。

---

1 AA 7: 267. 另外，通过这种我们的纯粹实践理性主观上否定了的情欲概念，我们能够理解为什么康德在《道德形而上学奠基》中总是提到偏好。因为与情欲相对地，偏好总还是能够允许我们构建准则，而我们可以就其与道德法则的一致性来评判它。但是那些甚至都不能构建准则的人是无法做到这一点的。因此听上去像是自然的东西，其实是我们的自由的产物。关于《道德形而上学奠基》可以参见 Klemme 2017。

2 AA 25: 32.

让我们来对比一下通过各种各样"精神错乱"所带来的"源自自然的对人性的羞辱"[1]与自我招致的对自由的限制所带来的羞辱，二者之间有一个重要的区别。在自我招致的情况中，这种羞辱是被意欲主体自己感觉到的；而自然招致的情况却正相反，这种羞辱是要从一个符合理性的观察者视角出发才能发觉的。也就是说，人们必须有能力运用理性，才能够发觉非理性。就好像疯子不会认为他是疯的。

## 7. 理性的自我保存或人道之概念

让我们尝试概而言之所有种类的未成熟和认知能力的错乱，它们的破坏性作用就在于，它们否定了我们的自我。康德是通过我们的理性和自由来定义这一"自我"的。医学的目的在于保存和治疗人的身体，哲学治疗术的目的在于精神的健康，而一切哲学

---

1　在维拉切克（Marcus Willaschek）编写的《康德辞典》（Kant-Lexikon, hrsg. von Marcus Willaschek u.a., Bände 1-3, Berlin, Boston 2015）中缺少了关键词"羞辱"。

的目的则在于一个健康的理性。健康的、正确的或是成熟的理性在康德哲学中处于最高的、实践的地位。因为理性想要我们在使用它的时候保存它：理性想要我们扩展它的概念和原理。"既然理性是自我保存的，那么它就不会承认那些放弃理性运用的东西"[1]，康德在他人类学讲座的笔记中如此写道：理性的自我保存是我们生命的准则。我们所有人以及所有大学系科都必须遵守这一准则。如果我们不再对理性抱有兴趣，这就是精神错乱的标志，或许也是对我们的恶的一种表达。如果所有大学系科都能够想起他们共同的最高的目标的话，就不存在什么值得一提的系科之争，这一共同的目标就是：促进人类和人道的成熟。

不过什么是人道？康德在《实用人类学》中指出，"人道就是在交往中把舒适生活与德性结合起来的思维方式"[2]。舒适就是"在好朋友圈子中（如果可能的

---

1  AA 25: 549.

2  AA 7: 277.

话，也是轮流地）举行一次盛宴"[1]。餐桌上的交谈不应太短，也不应太长，应该以"讲述"开始，继以"抱怨"，再以"戏谑"结束[2]。宴会结束时的欢笑是对身体与精神的健康最有益的。因为"如果笑是大声的和善意的，身体就通过横膈膜和内脏的运动，使笑真正有利于胃和身体的健康；然而，多么神奇！宴会的参加者们却觉得是在大自然的一个意图中发现了精神文化"[3]。

对康德而言，宴会体现了一种"文雅的人性"[4]。它促进我们的人道的同时也间接地促进了我们的道德性。"文雅的"人文性扩展了人道概念：对他人感兴趣，想要对他人倾诉，寻求社交。谁放弃了这一狭义的人道概念，同时也就无法接受指向理性和启蒙概念的广义的人道概念。我们想要的是一种不会"被美惠三女

---

1　AA 7: 278.

2　AA 7: 280.

3　AA 7: 281.

4　AA 7: 282.

神所抛弃"[1]的人际关系。康德还认为我们要对那些愤世嫉俗地对人性嗤之以鼻的人保持距离。[2]

_____

1　AA 7: 282.

2　本讲基于 2019 年 11 月 6 日在美因茨医学会（Medizinische Gesellschaft Mainz e.V.）的会议报告，并为了这次的中文版作了些许改动。

# 第二讲

## 道德的约束性如何可能
### ——历史语境下的康德"自律原则"

# 1. 导论

1780 年，普鲁士国王腓特烈二世宣称西塞罗的《论义务》（*De officiis*）是一部前无古人后无来者的讨论道德性的最佳著作（参见 Friedrich II 1780, 55）。这是一个冒失的观点。尽管西塞罗关于义务的反思以及关于人类如何进行自我约束的思想确实毫无疑问对 18 世纪道德哲学的争论产生了巨大的影响。例如，在 1783 年，根据腓特烈二世的要求，加尔韦完成了《论义务》的翻译并且附上了三卷本的《注疏和评论》，这似乎也对康德《道德形而上学奠基》的写作而言是比较重要的[1]。但实际上就算是加尔韦自己，作为一个

---

1 康德在 1784 年的 9 月完成了《道德形而上学奠基》的原稿。根据哈曼（Georg Hamann）的观点，康德本想写一篇"反驳—批判"方面的文章来回应加尔韦关于西塞罗的论著。参见 Timmermann 2007, XXVI—XXVIII。至于康德与加尔韦关于自由和必（转下页）

将休谟和亚当·斯密认作是自己最喜欢的哲学家的人，他也不可能宣称在西塞罗之后的道德哲学就已经没有任何进步了[1]。但是至少在德国有这样一位哲学家，他宣称在当代文献中，关于道德哲学的核心问题甚至都还从未被正确地对待或解决过。他就是伊曼努尔·康德。康德始终在思考关于约束性的概念，在他最早的道德哲学著作《关于自然神学与道德原则之明晰性的研究》（1764）中，康德悲叹道："就连关于约束性的基础概念现在都还鲜为人知。"（AA 2:298）

早在 1772 年，康德似乎就已经认清了，关于道德约束性的问题必须在一个围绕定言命令的可能性问题的概念框架之中才能得到解决。在被认为是 1772 年完成的手稿中，康德写道："关于道德原则之争论的全部困难在于：无条件的定言命令式，而不是有条件的命令式（sub conditione problematica）或必然推理

---

（接上页）然性概念之间的联系可以参见 Klemme 2017.

1　事实上，加尔韦相信，"西塞罗所选择的体系即使不是全部的真理，也至少包含了大部分"（Garve 1787, vol.I, 第 11 节）。他宣称《论义务》的第一部分由我们今天所说的普遍实践哲学所组成，第二部分则属于伦理学（参见 Garve 1787, vol.I，第 8 节）。

（apodictica）（或技巧、明智），是如何可能的。这种命令式言说了什么是原初上善的。"（R 6725, AA 19:141）在他《未来形而上学导论》的一篇初稿中，他重复了这一问题："道德学家们早就看到了幸福原则永远不能提供一个纯粹的关于道德的科学，而只是一种明智的教条……而且道德命令式必须是无条件的……现在的问题是定言命令式是如何可能的。只要解决了这一问题就能够找到道德的真正原则……我不久后就将提供这一解决方案。"(Preparatory Work to the Prolegomena, AA 23:60; 参见 AA 27:1324)

康德在《道德形而上学奠基》中通过提出"自律原则"（AA 4:439）来回答定言命令中的无条件的约束性如何可能的问题。与这一原则相关的是一个全新的以纯粹理性为源泉的立法的理念，以及伴随着这一理念的关于约束性的新设想。约束性不再像在沃尔夫那里仅仅意味着意志与行动的必然联系。康德采纳了克鲁修斯在理性和意志的能力之间所作的区分，并将它与给予意志以法则的纯粹理性关联起来——这一观点无论在沃尔夫还是在克鲁修斯之中都无迹可寻。一个纯粹的理性存在者（不同于沃尔夫对它的理解）并不会被道德法则约束，因为它就自身本性而言就是必然的。相反，约束性涉及的是康德所说的"偶然的意志"（AA 27:1323）。"偶然的意志"受道德法则约束而行动，它应当根据道德法则来行动。约束性表达了意志通过纯粹理性的必然性。

为什么人的意志是"偶然的意志"？如果某物是偶然地存在，那么它的存在就没有充足理由。但对于沃尔夫主义者来说，没有东西是偶然存在的，因为没有某物存在是缺乏充足理由的。不过，我们应该区分这一关于偶然性的本体论含义和它的认识论含义。在本体论层面上或许确实不存在这种偶然性，但是在我们对充足理由的认知层面上是可以存在偶然性的，也就是说，我们有时候不知道或不能知道它的理由。这看上去恰好就是康德的立场。对于康德而言，自由的人类意志是偶然的，是因为我们不能知道这一意志决定遵照或违背道德法则而行动的原因。人类意志可以决定去做一种违背道德法则的行动，这可以通过人类意志同时也是受自然法则决定的这一事实得到解释。

意志能够选择是通过自由的因果性（道德法则）还是通过自然的因果性（自然法则）来决定自身的行动。因为我们是在这两种因果性的选择之中，并且没有第三种因果性能够解释这一选择，所以我们作为人类不可能知道自由的人类意志要决定根据哪一种因果性来产生行动的原因[1]。

根据康德的观点，需要被解释的，或者说能够被真正解释的就是为什么"偶然的意志"应当根据道德法则来行动[2]。我们如何解释"偶然的意志"应当通过服从对所有理性存在者而言都必然的准则来决定自己的行动呢？这是个值得解决的问题。

对这一问题的解决可以从康德对理性和意志之间的关系的一些评论中看到。理性和意志之间的关系是

---

1　自由的意志从本体论和认识论的视角来看都是一种偶然的意志（就像我们可能会说的那样）。但从一种实践的视角来看，它就不再是偶然的了。从实践的视角看，一个行动是归属于某个人仅仅是因为他选择了这个行动。

2　康德的"应当"概念类似于克鲁修斯的解释（参看 Crusius 1744, § 160），鲍姆加登只知道一种义务（参见 Schwaiger 2011, 168），而克鲁修斯则区分了"法律的义务"和"明智的义务"（Crusius 1745, § 131），十分类似于康德在定言命令和假言命令之间所作的区分。

规范性的，并且被表述为一种先天综合的原则。康德将这些原则称为定言命令式。约束性的基础和来源是纯粹理性。纯粹理性提供了自由意志的法则。我们被限制于仅仅根据那些有资格成为普遍法则的规则来行动。纯粹理性在我们的意志中表现为一种按照道德法则来行动的理性的（而不是像在鲍姆加登那里的心理学上的）必然性。康德对于约束性概念的解释导向了《道德形而上学奠基》中的一个关键论述："一个并非绝对善的意志对自律原则的依赖性（道德的强制）就是约束性。"（AA 4:439; 参见 27:1326）然而纯粹理性存在者和它的自由意志之间的关系是可分析的（并且通过对一个就自身而言是善的意志概念的分析就能够知道这一点），但是对于"理性的自然存在者"（AA 6:379）而言，这一关系却是先天综合的。它之所以是先天的，是因为纯粹理性是法则的源泉；它之所以是综合的，是因为纯粹意志的概念对于一个会被偏好影响的意志概念而言是添加性的。

意志和理性之间的这种综合关系具体而言是如何可能的，这就是《道德形而上学奠基》的一个主题。

这也是在哲学史上的一个颇具讽刺意味的事件：沃尔夫和他的追随者们以可能性概念为基础发展他们的形而上学，却忽视了它在应用上最重要的问题：作为科学的形而上学是如何可能的？一种定言命令式是如何可能的？道德约束性是如何可能的？

康德对于道德约束性概念的含义及其可能性的讨论仅仅只是这场争论中的冰山一角。那些将人类的自由意志作为其理论的出发点的法学家、哲学家和神学家们对以下问题展开过数十年的讨论：①意志是由什么组成的？意志是否遵从理性的必然性（像沃尔夫所宣称的那样）？或者自由意志的选择是否独立于我们对善和恶的认知（像克鲁修斯所坚称的那样）？②道德规则是否仅仅因为上帝的意志而偶然地具有约束力（像克鲁修斯所宣称的那样），还是说由于上帝自身的理性，从而道德规则对上帝也是具有约束力的（像沃尔夫所主张的那样）？③我们对于这些法则的认识的来源是什么？我们是否通过对自然（自然法）的经验性学习而认识到它们？还是说它们是通过上帝（神圣法）给予我们的，或者它们是来自某个个体的权威性（世俗法）？④作为法的来源，自然、上帝和人类互相之间是怎样的关系？⑤遵守法则的重点在哪里？人类是否应当出于上帝或世俗立法者的权威而遵守这些法则（像普芬道夫所主张的那样）？遵守法则是否意味着促进我们自身的幸福与他人的幸福？还是说人类选择被视为善的法则仅仅因为它是善的？

如果我们想要知道康德关于定言命令以及自律原则学说的独创性，考察一下当时围绕约束性概念的争论将会是很有帮助的。由于篇幅所限，我将讨论限于三个阶段[1]：

在第一阶段，我将讨论由沃尔夫建立的"普遍实践哲学"的学说，尝试通过与普芬道夫的联系阐明沃尔夫关于道德约束性的观念。

在第二阶段，我将概述埃伯哈德的道德哲学，他曾尝试通过参考英国哲学来改良沃尔夫主义。这种在理性主义为主体的伦理学中，更多地强调情感的重要

---

[1] 一个全面的讨论应该包含对以下哲学家们的详细讨论：莱布尼茨、鲍姆加登、克鲁修斯、门德尔松、卢梭（Jean-Jacques Rousseau）、哈奇森、休谟。关于康德义务概念的哲学意义参见 Klemme 2015b.

性的尝试是一整代德国哲学家的典型，这些哲学家包括门德尔松（Moses Mendelssohn）、苏尔策[1]（Johann Georg Sulzer）、加尔韦，同样还有康德。在讨论埃伯哈德时我将补充一些关于凯姆斯勋爵亨利·休谟的评论。凯姆斯勋爵的以下两个观点是很重要的：一方面，他由于坚持约束性和义务概念的重要性（与哈奇森[2]和休谟相对），从而站在了替代苏格兰道德情感主义哲学家们的一方；另一方面，他与埃伯哈德相比是一种视角上的反转。如果说埃伯哈德是想要尝试将情感融入他基于理性主义的约束性概念，那么凯姆斯勋爵就是在基于情感的道德哲学中强调理性的重要性。凯姆斯勋爵的作品曾被翻译成德语并且在围绕沃尔夫主义的争论中产生了巨大的影响，包括康德也受到了凯姆斯勋爵的影响。

在第三阶段，我将联系之前这些研究，更细致地

---

1　关于苏尔策的道德哲学及其对康德《道德形而上学奠基》的影响参见 Klemme 2011。

2　"尽管这些（指约束性和义务）在道德中至关重要，但很少有作者试图阐明它们。"

探讨康德关于约束性概念的一些具体内容。康德是第一个在他的先验观念论语境下，通过以下方式来解释约束性的概念的哲学家：①自我立法的概念（自律）；②敬重的情感；③同时被自然法则和自由法则决定的自由意志的概念。从沃尔夫的自治（autocracy）到康德的自律（autonomy）。

作者注：一个术语上的解释。拉丁语中的"约束性"（obligation）在18世纪被翻译成德语的"Verbindlichkeit"或"Verpflichtung"和"Obliegenheit"。然而 Verbindung 有一种描述性的含义，而 Verbindlichkeit（和 Verpflichtung 类似）是完全规范性的。Verbindlichkeit 指涉一种规范性的来源，而 Verbindung 则没有这个意思，只因为它是在表达一个事实的事件。举个例子：在我和我的女儿们之间存在一种 Verbindung，仅仅因为我是她们的父亲，这一 Verbindung 是否、为何以及在何种程度上构成了我们之间的 Verbindlichkeit（或 Verpflichtung）是一个可以被推敲的事件。我是否有义务支付她们的学费？我的女儿们是否有义务在我的晚年孝敬我？一种遵从约束性的行动被称作是（具体的）

"义务"（"Pflicht"，拉丁语中的 officium）。没有无约束性的义务，也没有失去其约束性的来源的约束性。

译者注：Verbindlichkeit（Obligation）就概念本身而言意味着作为义务的基础的约束性，但本文对这一概念的使用历史跨度较大，例如，在沃尔夫哲学中，Verbindlichkeit 仅仅指一种基于理性的行动上的必然性，从而缺少了对于行动者偶然意志的约束性含义；而在其他地方有时又仅仅被用来单指其本意的约束性。另外在康德哲学中 Verbindlichkeit（或者 Verpflichtung）更多地指向一种道德法则对于我们的意志的约束性基础，而在通行中译里 Verbindlichkeit 却被译为责任，Verpflichtung 译为义务承担，Pflicht 译为义务，但事实上 Verbindlichkeit 与 Verpflichtung 都是对 Obligation 的德语翻译，而责任一词通常对应的是 Verantwortung，是指与某种特定的工作相关的职责，在语义上与作为一切具体义务之约束性基础的 Verbindlichkeit 的意思相去甚远（在康德道德哲学中的这一区分可参见 AA 4:410—411）。基于这些理由，我将抽象含义较强的 Verbindlichkeit 和 Verpflichtung 都翻译为"约束性"，从而与抽象含义较弱的、与具体行动准则相关的"义务"（Pflicht）区分开来。另，书名的翻译中如果涉及以上术语，为了方便读者查找仍然给出中译版的书名并附上原文。

## 2. 普芬道夫与沃尔夫中的立法者、法则和约束性概念

约束性的概念起源于罗马的《查士丁尼法典》（Corpus juris civilis），它被定义为一种"法律的约束"(vinculum juris)[1]。在现代自然法中它被提升到了人类行动的一个规范性基础的地位。在这一语境中，义务概念并不仅仅关涉在何种情况下一个行动可以被人类要求为义务（officium），而是同样也关涉将人类自身置于以洞察法则的约束性力量为基础来决定它的自由意志的境地。人们渴望知道为什么他会受自然法、神圣法和世俗法的约束并遵从它们。人们想要进一步考察这些法则的合理性内容，从而依从那些他们自己所需求的。这也就无怪乎约束性概念变成了启蒙哲学的主导概念。

---

1 Institutiones Justiniani III.13.

普芬道夫的作品对于当时的争论来说是一个非常重要的进步。普芬道夫在他广为人知的《人和公民的自然法义务》（De officio hominis et civis juxta legem naturalem）（1673）中宣称我们需要区分神法和人法。在两种法中，法的约束性力量是基于一个制定者的存在，他通过法来约束人类履行特定的行动。法就是规范，通过这一规范，"权威者借助它迫使臣民的行为与他自己的命令相符合"（Pufendorf 2003, I, II: §2, 43）。如果法是完美的，那么它就包含两个部分："一部分规定什么该做、什么不该做；另一部分规定对忽视律令或违反禁止事项的人的处罚。"（Pufendorf 2003, I, II: §7, 46）人类的自由必须受到限制，并且这"不仅由于作为更强大的权威者有能力惩罚不服从者，而且也由于作为有正当理由的权威者可以根据他的意愿来限制我们的意志自由"（Pufendorf 2003, I, II: §5, 44）。法则就是一种"道德约束"[1]，它在现实中的有效性一方面通过强迫而得到保障，但另一方面法则表达了

---

1 Pufendorf 2003, I, II, 第3节。

法则主体的合理性，也就是说，人们同时也有能力去根据他们认为合理的法则来行动。与神圣法和世俗法之间的不同相对，根据普芬道夫的观点也就存在着两种不同的法则制定者：上帝和国王。

普芬道夫思想对于进一步发展前康德时期关于道德哲学的辩论十分重要，同样重要的还有沃尔夫的著作。与同时代其他哲学家们不一样，沃尔夫依据对道德现象、问题和方法的阐述或讨论来创造概念。如果我们要寻找这些概念是以什么样的法规被定义和论证的，我们就要转向沃尔夫的"普遍实践哲学"（Allgemeine praktische Weltweisheit）[1]。这一学科的关注点在于什么？在他极短的《以数学方式构造的普遍实践哲学》（*Philosophia practica universalis, mathematica methodo conscripta*）(1703) 的前言中，沃尔夫一开始就观察到了，我们所生活的时代是一个充满丰富的新发现的时代，但在这些发现之中实践哲学至今都是被排除在外的。沃尔夫希望通过将数学方法

---

1　关于康德对沃尔夫"普遍实践哲学"的批判参见 Klemme 2017a.

运用于解释自由的人类行动来修正这一情况。在 1705年 2 月 21 日，莱布尼茨鼓励沃尔夫重新修改了这本书的内容之后，沃尔夫新发明的"普遍实践哲学"才在历史上具有了一定的影响力[1]。在莱布尼茨的影响下，沃尔夫开始与普芬道夫的观点保持距离[2]，并且发展了一种关于法的义务是独立于我们对一个立法者的认识的理论。约束性的根基并不是对于回报的恐惧或者期待。我们受到自然法的约束并不是因为上帝想要这样，而仅仅是因为它是理性的，才会让我们和上帝都受到约束。在莱布尼茨和沃尔夫的推动下，德国哲学在启蒙时期形成了一些最有开创性的洞见：由于首先理性是自然法的源泉，其次自由意志又是遵从理性知识的，那么我们对于由法则定义的善的知识之提升同时也就意味着我们自身意欲的提升。我们越理性，同时也就越自由。自由的人都是通过他们自己对于善的洞察而

---

1  参见 Leibniz 1860, 19。关于更多莱布尼茨对于沃尔夫的影响参见 Schwaiger 2011, 147—151.

2  关于普芬道夫与沃尔夫之间的区别参见 Sutor 1774 和 Hüning 2015。关于 Sutor 参见 Klemme 2016.

努力追求善的，并且这样一种人同时也是他们自己的主人。沃尔夫根据这些观点攻击和反对那些宣称上帝根据他自己的意志决定了法则内容的唯意志论哲学家和神学家。另一方面，沃尔夫还确信，通过对事物的合乎理性的秩序的洞察，人类自己也就能够为了一种关于善的合理秩序而行动或者意欲行动。沃尔夫到哈勒大学任职之后，在《德语伦理学》[1]中进一步发展了他的普遍实践哲学，沃尔夫在受到莱布尼茨的影响而转变之后，第一次提出了一种作为伦理学、法学、经济学和政治学之基础的科学。不是诉诸实例、权威和传统，对于沃尔夫而言，仅仅是我们的理性就能使我们得以洞察到事物之间的秩序和必然联系（包括人类行动的领域）。

沃尔夫将"普遍实践哲学"定义为一种"关于通过最一般的原则来指导自由行动的感受性的实践科学"（Wolff 1728，§70）。在这门学科（以及参考他的《形

---

1　参见 Wolff 1720，第一章（论人类行动的普遍规则以及自然法则）。关于他的"普遍实践哲学"的拉丁文版 Philosophia practica universalis (1738/39) 长达 1 400 多页。

而上学》）中，沃尔夫讨论了意志自由、法则、约束性、可归责性以及良心的概念。如果我们想要更好地理解康德的《道德形而上学奠基》，就肯定不能绕过沃尔夫的这些著作。其实鲍姆加登的《实践的形而上学之开端》（*Initia Philosophiae Practicae Primae*）(1760) 也是另一个显而易见的选项。康德关于伦理学的讲座和评论都是基于这一文本而展开的。鲍姆加登并没有将约束性（像沃尔夫那样）解释为必然性（necessitas），而是解释为必须性（necessitatio），而这似乎比起沃尔夫而言更接近于康德在《道德形而上学奠基》中的构想[1]。同时还有迈耶（Georg Friedrich Meier）的《普遍实践哲学》（1764）。在这里的很多构想都让人联

---

1　关于鲍姆加登对康德义务概念的影响参见 Schmucker 1961, 128; Schwaiger 2011; 以及 Bacin 2015. 施威格尔（Schwaiger）甚至宣称康德是通过追随鲍姆加登而成为了一个"卓越的独立思想者"（Schwaiger 2015, 154）。字数所限我不便在此具体展开，但是这一阐释显然是有争议的。对康德产生影响的一方面有克鲁修斯关于义务和意志的概念，另一方面还有卢梭（卢梭甚至没有被施威格尔提及）。施威格尔主张"英国道德哲学以及在某种程度上甚至卢梭"对于康德的影响都被大部分研究者高估了 (Schmucker 1961, 22)。然而在我看来，很显然如果没有卢梭关于自由和自立法的概念，也就没有康德这里的自律概念了。

想到 60 年代和 70 年代的康德。但是既然如此为什么我们要特别关注沃尔夫？甚至尽管康德从来没有专门研究过沃尔夫的"普遍实践哲学"[1]，沃尔夫也仍是我们讨论主题的更佳选择？首先，沃尔夫显然是更加有趣也更加简洁地讨论实践理性的理论家。同样地，他的主题比起来自哈勒的虔敬宗教圈子的鲍姆加登或他的学生迈耶来说也更接近康德。无论康德怎样像鲍姆加登那样将法则的诫命式要素置于讨论的中心，我们也不能忽视康德，毕竟他首先是纯粹理性的哲学家。而且就像沃尔夫在他的《德语伦理学》那样，康德的《道德形而上学奠基》也是开始于意志的概念，而不是像鲍姆加登在《实践的形而上学之开端》里那样，开始于约束性（obligatio[2]）概念。其次，康德与普遍实践

---

1　康德在《道德形而上学奠基》中提到沃尔夫："不过，千万不要以为，在著名的沃尔夫置于其道德哲学，亦即他名之为普遍的实践的世俗智慧之前的概论中，已经有了这里需要的东西，因而这里并不是进入一个全新的领域。"(AA 4:390)

2　这并不意味着沃尔夫低估了义务概念的重要性。相反，在《德语伦理学》(1722) 的第二版前言中，沃尔夫宣称他将这一概念表现为"意想不到的光" (1720, Preface to the second edition)。

哲学之间的异同更多地让人想到沃尔夫的《德语伦理学》，后者在文字组织上比起迈耶冗长的论证更接近《道德形而上学奠基》。

让我们现在转向沃尔夫。就像我们之前提到的那样，沃尔夫关于道德哲学考察的起点是自由意志。他想向我们展现，自由意志是如何通过理性的认知而能够确定一种行动的必然性。需要澄清的一点是，基于某种物理必然性的"必然的行动"(Wolff 1720, §1) 与自由意志是无关的，自由意志与行动的关系只存在于那样的行动——其执行是能够通过我们的认知而被改变的。沃尔夫将这些必然的行动称为"自由行动"(Wolff 1720, §1)。意志拥有自由"在各种可能的事物中去选择哪一种是最能使我们自己感到愉悦的"(Wolff 1720, §1)。所以我们的意志能够决定"我现在是想要站着还是坐着，而不是，我现在是否想要消化我已经吃下去了的食物"(Wolff 1720, §18)。自由意志遵循我们对于善和恶的认知，在这种意义上"自由的行动"具有道德上的必要性。与克鲁修斯相反，沃尔夫断然拒绝了绝对自由（libertas indifferentiae）[1]的概念。充足理由律同样适用于自由的行动，因此对于沃尔夫而言，受到约束或者是担负义务不外乎意味着，我按照我对于善和恶的认知来行动。但是这种意志的情感性基础何在？如果我们更普遍地考察人类本性的本质，我们就会认识到什么对我们而言是善的和恶的。如果我知道一个行动改善了我内在的或外在的状态，那么这种认知就是在作为"意志的动机性根据"(Wolff 1720, §6)而起作用。由于人类的欲求能力遵循我们对于善的必然认识，一个人就能够通过给另一个人一些认知的内容来使他负有义务。"使某人对某事负有义务或无义务，不外乎就是将它与意欲或不欲的动机性根据联系起来"(Wolff 1720, §8)。

由于我们对事物的认知就是对善或恶的认知，沃尔夫就由此得出结论，是自然本身在"约束"我们"去做表现为善的事，不去做表现为恶的事"(Wolff 1720, §9)。由于自然也遵循充足理由律，所以那种约束我

---

1　关于绝对的自由的争论参见 Klemme 2013.

们的原则就表现为一种法则[1]。谁认识到了自然的法则，那么他也就知道了理性的行动理由。如果他在自己的自由行动中违反了这条法则，那么他就是在违背理性而行动。他违背了这种对他来说已经存在了的道德必然性，而通过增进知识，他可以尽可能地避免这种违背。

沃尔夫的约束性概念最重要的一个方面就在于，沃尔夫在"自然法"之外并不将"人法"和"神圣法"作为约束性的来源。一种法表达了一种约束性，那么多种不同的法就表达了多种不同的约束性。沃尔夫将关于法的起源问题理解为约束性的起源问题。自然、上帝和政治立法者就是自然的、神圣的以及政治的约束性的三种来源，那么这三种约束性的来源之间又是怎样的关系？

让我们把讨论限制在自然的和神圣的约束性之间。如果我们先考察理性概念，也就是那种沃尔夫称为其运用产生出一种"有动力的知识"(Wolff 1713，§15)

---

1　"自然的法则已经决定了一切，它在其自身中就是彻底完整的，尽管它还不能够完全地被理解。"(Wolff 1720，§27)

的能力。如果一种知识驱动我们去做出与之相对应的行动，那么这种知识就是有动力的知识。沃尔夫对于理性行动者的观点由以下两个命题组成：首先，理性是"自然法的教导者"。其次，一个"理性的人类除了他的理性所给予的法则之外不需要其他法则"(Wolff 1720，§ 24; 参照 Wolff 1720，§ 38)。我们的理性不仅仅能够认识到约束我们的自然法，对于自然法的认识同样也是使人变得理性的充分条件。这也是对于认知和动机的必要充分的原则。成为自己的法则，并不意味着理性能够通过对自身的反思而认识到法则，而是意味着，理性能够认识到完全独立于我们的、在自然中运行的法则，并且同时还使这一法则成为我们自由意志的原则。自然法是通过理性的纯粹概念后天地，而不是先天地被认识到的。

沃尔夫运用他的理性概念与两种互相联系的神学观点拉开了距离：首先，为了认识自然法，一个理性的人既不需要认识神圣法也不需要认识人法。一个理性的人做出了善的行动不是因为这是某个立法者或上帝的意志（就像普芬道夫所相信的那样）。理性的人做出善的行动仅仅因为它是善的。一个"理性的人行善，因为这事是善的，克制不做恶，因为这事是恶的：在此他变得与上帝相似，没有其他更高级的存在物能够约束他去做善事而不做恶"(Wolff 1720, §38)。如果一个人理性地行动，那么他就是在像上帝一样行动。他自身就是法则，只有非理性的人才会寻找一种附加的动机性根据。

其次，上帝能够要求我们什么？他会使我们有义务做出什么样的行动？上帝会基于他的理性本性"仅仅给人类自然法而不是其他的法则……而且绝不会是与自然法相矛盾的法则"(Wolff 1720, §29)。这对于神学的唯意志论来说是个坏消息。一个自由的意志并不是因为上帝约束我们去服从自然法。恰恰相反，上帝的本质和本性必然地要通过他的意志去将可能的变成现实的(Wolff 1720, §29)，并且一切可能的东西都只能是合乎理性的。沃尔夫——就像一个真正的莱布尼茨主义者一样——在为一种(我称之为)理性本质论辩护。就像上帝不会问为什么他应当将可能的东西通过他的意志变为现实的一样，一个理性的人也不会去问为什么他应当做那些被视为善的事情。如果谁问了这样的问题，他就是在问一个多余的问题。他没能够意识到我们行动的内在道德性。

如果上帝只能够要求我们做理性的行动，那么神圣法的功能又是什么呢？尽管上帝能够给予人类的只有自然法，但是他还是"依据自己的意志"将人类行动与特定的动机性根据结合起来（参看 Wolff 1719, § 980; Wolff 1720, § 30）。"我们经常能经历由善行带来的幸福，以及由恶行带来的不幸……但是上帝是通过他的决定使得这样的事情应当发生。"(Wolff 1720, § 30) 上帝是善的上帝，基于他自己的自由决定，上帝将德性与幸福联系在一起，将恶行与不幸联系在一起。对于那些想要行善但并不为了行善本身而这么做的人而言，幸福与不幸是作为附加的动机而起作用的。对于沃尔夫而言，如果他们是为了幸福而行善，这是对我们行动的内在道德性的破坏。如果我只是为了避免被其他人伤害而遵循自然法，那我就不能够领会到法则的内在道德性。我不应当（如克鲁修斯所说）"出于服从"（Crusius 1744，174），而是应该（如康德说的那样）"出于义务"（G 4:399）。因为"自然约束性"完全独立于基督教的神圣启示，他也能够被"儒家"(Wolff 1720, Preface § 6)或者一个"无神论者"(Wolff 1720, Preface § 4)认识到。

沃尔夫关于内在道德性概念的核心就在于，我们，由于我们的理性，是我们自己的立法者。理性的奖励就是自由、自我统治。凡是"用他们自己的力量达到自由行动的人，就是他们自己的立法者"(Wolff 1720, § 185, 187)。这看上去是一种斯多亚式思想。它跟那种将我们的一切行动归结为对于偏好和兴趣之满足的幸福概念相去甚远。沃尔夫的伦理学将它的最高点确立在自我统治的概念，与之相对的是奴役性的概念："被感官、想象力和情感所统治是一种奴役性……因为我们被这一统治所阻碍，在其中我们忽略了善行而做出恶行……奴役性还在于人们不再考察自然法……并且最终忽视了他的幸福……因此使他自己变得不幸。"(Wolff 1720, § 183)

沃尔夫关于对自我统治和奴役的比较也揭示了经常在文献里被提到的康德和鲍姆加登之间的相似性。

确实鲍姆加登关于强制性（necessitatio/ Nötigung）的概念与康德关于约束性是一种强制性或必须性具有很强的相似性，但是我们不能忽视在沃尔夫这里已经讨论了理性和感官、想象力与情感之间的冲突。"如果感官、想象力和情感与理性在判断自由行动时相反，将理性解释为恶的行动表现为善的、把理性声称善的行动表现为恶的，我们就把这称为它们与理性之间的相互冲突，并且，如果一个人否定了感官、想象力和情感，或者使理性占得上风，那么这个人就克服了自己，而且一个人在克服了自己并因此用自己的力量达到自由行动之后，他就是自己的主人。"(Wolff 1720，§185)看来即使是沃尔夫也并不（总是）相信这种对于善的认知就是作出善行的充分条件。人类还是必须意愿去克服那些实现道德行动的阻碍。

## 3. 埃伯哈德与凯姆斯勋爵的约束性概念

在沃尔夫的批评者看来，沃尔夫关于自由和约束性的概念有着非常严重的缺陷：这些杰出的思想既没有足够的说服力，去说明一个人只有预先作出正确推断才能够作出有德性的行动，而且它也不能说明如果这个世界只是由各种各样的知识组成的，那为什么我们要将人类的德性评价为具有超出其他一切之上的价值。如果我们想要理解康德是如何发展他的自律原则和约束性学说，那么考察一下另一种由青年沃尔夫主义者们发展出来的替代学说，来与康德的道德哲学相互对照，将会是很有帮助的。青年沃尔夫主义者们如何回应最近的英国和法国哲学？接下来我将转向埃伯哈德，他的道德哲学在现在的文献中已经很少被提及了。

　　埃伯哈德是一个真正的沃尔夫主义者，但是他也十分乐意接受他所阅读到的"英国道德情感主义者们"（参见 Eberhard 1788，196）提出的意见。作为一个沃尔夫主义者，埃伯哈德首先将思考和感觉追溯到心灵的一个单一的基础性能力上，即我们拥有表象的能力。其次，作为一个沃尔夫主义者，他将自由等同于理性。再次，作为一个沃尔夫主义者，他试图认识到我们情感的理性基础。他认为要想解决道德争论就不能够依赖道德情感，因为这是在通过情感来反驳情感

（参见 Eberhard 1788, 199f）。"道德情感的判断"
必须要能够"转化为理性的判断"（参见 Eberhard
1788, 201），它们必须站在"理性的审判庭"（参见
Eberhard 1788, 206）之前。与沃尔夫明显不同的是，
埃伯哈德在道德哲学中寻求一种方法论上的转化。他
认为片面地遵循沃尔夫的综合递进方法是错误的，也
就是说，在方法论上不应该开始于对某种表述的定义
而结束于结论的导出（参见 Wolff 1728, §135; 这一
批判是不是正当的显然需要在其他场合进行进一步讨
论）。这一方法必须从一种分析的方法来补充，以此开
始我们的考察。在善的概念能够被设想和追寻之前，
它必须要先被感觉到[1]。埃伯哈德肯定了"英国道德情
感主义者们"（参见 Eberhard 1788, 195f）对于道德情
感的重新发现，并认为以此为基础我们能够超越"学
院科学和生活"之间的鸿沟（参见 Eberhard 1776, 3）。
沃尔夫思想的"深邃的彻底性"必须配以"对经验的

---

[1]　参见 Eberhard 1776, 115. 就我所知，在二手文献中从未提到埃
伯哈德在 1781 年，正如康德在 1785 年在《道德形而上学奠基》中，
讨论到的方法上的"转换"（Übergang）(Eberhard 1781, II)。

赞许，以及那些（在哲学中）流行的和实践的其他东西"[1]。

那么在1778年于哈勒大学接替了沃尔夫和迈耶的教席的埃伯哈德是如何分析道德情感的？由于在情感和知性之间有一种递进式的过渡，我们在接收到一种明确的情感表象的时候马上就认识到了它的基础。知性能够清晰、明确地认识到我们模糊、混乱地感受到的东西。如果我们运用这一方法，我们就能发现，完善性就是我们愉悦的基础，非完善性就是不快的基础（参见 Eberhard 1788, 212）。如果我们将这一分析的方法与清晰明确的表象学说相结合，那么道德判断就可以被解释为一种集合在灵魂的内感官之中的认知（参见 Eberhard 1781, 49f）。

道德判断表达了一种约束性。像沃尔夫一样，埃伯哈德开始于"人类的本性和其他事物的本性就是内在善的和恶的行动的约束性的来源"（参见 Eberhard 1781, 33f）。但是对这一约束性的认知本身并不足以成

---

1 Eberhard 1781, §iii; 参考 Zedler 1731-54, 第2卷, 38—39 以及第20卷, 1330—1333。

为充分的动机性根据。"道德情感和审美情感因此都是活生生的、感觉着的理性。"(参见 Eberhard 1781, 52) 在这里我们就能看到与沃尔夫式的理性和情感概念的巨大不同。就像沃尔夫一样，埃伯哈德致力于说明我们能够认识到道德上的善和恶，情感并不构成善和恶，但它却展现了在理性上可被认知的完善性和非完善性(参见 Eberhard 1781, 12f)。与沃尔夫不同的是，埃伯哈德相信只有在同时能作为情感展现给我们的时候，理性才能驱动我们去做出行动。"这是由于清晰表象的本性，也就是说对真实性的感觉必须要依靠一些活生生的东西才能有效，而这是冰冷的反思不具备，也不能够具备的东西。"(参见 Eberhard 1776, 188)

这一观点对于想要将沃尔夫哲学与我们的情绪和情感结合起来的德国道德哲学家们而言是十分典型的[1]。这一进展当然离不开英国和法国的哲学发展。一个特别显著的例子就是凯姆斯勋爵。尽管埃伯哈德提

---

1  其中苏尔策就强烈地表达了这一思想："如果谁想要感觉到真实，他就必须同时触碰到灵魂，并且与之同化，如果我能够这样表达的话。"(Sulzer, Schriften, p. 296)

到了一些凯姆斯的著作，但他并没有明确地讨论凯姆斯的立场。我们的情感与理性之间具有怎样的关系？埃伯哈德诉诸一种被置于"理性的审判庭"之上的情感来确定它们的合理性，而凯姆斯则是相信我们能产生一种特殊的道德情感，这种情感自身就是理性的且直接的。总之对于凯姆斯而言，情感和理性之间具有某种同一性。这意味着什么？

凯姆斯在他1751年出版的《论道德原则和自然宗教》一书中发展了他的哲学立场。他尝试与哈奇森式的对约束性概念的还原论立场划清界限。根据凯姆斯的观点，哈奇森，以及其后的休谟也一样，想要将约束性和应当的概念从道德讨论中剔除出去，他们忽视了道德情感在进行判断时的重大不同。哈奇森忽视了我们是通过一种义务感来行动的事实。这一感觉受到正义的限制，并且因此处在道德性的中心。它表达了我们必须要公正地实践必然性。仅仅赞许或者不赞许并不足以使我们的行动置于法律的权威之下。"在此，这些情绪具有约束性的特殊形态，说明了哪些行动是我们应当去做的，以及哪些行动是我们不可避免地被约束去做的。这一情况转化成了法律，否则它就只是一种理性的权衡或者行为的明智规则。任何事物都不能忽视去赋予它一种最完全的法律特征。"(Kames 1751, 36) 义务感就是一种理性的命令，因为它表达了一种实践必然性。我们感觉到自己直接地、不容置疑地被约束去做或不做某事，因为这就是公正；因为这是公正的，所以我们有这种无条件的义务感。

埃伯哈德将注意力放在情感上，试图通过分析方法的运用来发现他们的理性内容。另一方面，凯姆斯则坚信我们能够直接地意识到义务感的理性内容。在这场决定理性和情感之间的关系的辩论中，康德究竟采取了哪一种观点呢？

## 4. 康德的纯粹理性之作为约束性的来源

沃尔夫区分了三种不同的法：自然法、神圣法和人法。康德拒绝了这一观点。康德认为，道德必然性首先只能通过第四种关于法的道德概念才能被解释，而之前的哲学家们都忽略了这一点。康德的道德法如

何与沃尔夫的自然法相区分？这两种法都是自由意志
的法则，但是对于沃尔夫而言是质料性的法则（用康
德的话说），也就是通过后天的方式被认识；而康德
则旨在说明法则的纯形式特征，这只能先天地被认识。
法则的形式性在于它的普遍性和必然性。但是一条法
则如何能够必然地有效，如果这种有效性并不基于某
种法则所预设要去追寻的目的？沃尔夫和他的追随者
们将法则的绝对必然性基于对目的的自然秩序的认知，
康德则选择了与此相对的道路。对于康德而言并不存
在客观目的的自然秩序，目的论并不是一种建构自然
对象的原则。一切自然目的都是基于我们欲望和偏好
的主观目的，道德必然性的来源只能是纯粹理性。

　　对于康德和沃尔夫而言，我们在道德上的努力的
最高目的都是达到一种对自身的掌控。这意味着对沃
尔夫而言，我们应当努力通过对我们意欲的理性内容
进行永无止境的启蒙，以此变得越来越理性，也就越
来越自由。与此相反，对于康德而言，掌控自身意味
着某些根本上不同的东西（参见 Klemme 2015a），它
意味着纯粹理性自身在命令我们，在决定自己的意念

的过程中保存我们自己的理性。在"掌控自身"这个概念中，就像康德在他的道德哲学讲座中所解释的那样，包含了人类的"直接价值"。这使人与其他事物区分开来。在 1781 年到 1782 年的人类学讲座中，康德谈到了这样的"准则"和"原则"："对于健康理性的自我保存,不是对于人类而是对于理性,也就是说,我不能接受那些会使得理性的自由运用变得不可能的事物。"(AA 25:1049f)

在沃尔夫看来，自由是我们意志的一种属性，它使得我们能够根据对善和恶的认知来决定我们的行动。对于康德而言，自由则有更深的意义。自由是那种能够组成我们"真正的自我"(eigentliches Selbst) (AA 4:457f, 461; 也可参见 B 158) 的属性。道德法则的功能并不是（像沃尔夫说的那样）将我们自己置于自然秩序中，来帮助我们导向一种善的（幸福的）生活。对康德来说，道德法则有一种自我指涉的，也就是一种以自由为功能性（freedom-functional）的意义。因为我们自己给自己法则，所以我们就只能被那种能够有资格成为普遍法则的规则（准则）约束去行动。道德法则的约束性是基于这样一种关系，即我们必须同时是理知世界和感官世界的成员。道德法则的来源（定言命令的约束性）不是自然，不是上帝的意志，也不是任何人的意志，道德法则的来源只是我们自己的理性，是我们作为理知世界成员的"真正的自我"。关于"道德法则因何具有约束力"(AA 4:450) 的问题就应该被理解为是关涉那种约束我们意志的法则的来源问题。

只有在一种强的先验观念论背景下，康德才能论证这一观点。人类作为纯粹的理性存在者能够存在于理知世界中——并且就像上帝一样能够直接获得关于道德法则的知识。但又不像上帝，人类同时也是自然的一部分。人类同时存在于理知世界和感官世界。在这一双重身份的概念之下，我们就能明白康德如何通过理性和意志在结构上的转化来反对之前的道德哲学。由于人类意志在某种程度上处在两个世界之中，尽管它不能自由地反对由道德法则产生的规范性力量，但是它却能够决定做出违反道德法则的事情。这种形式的自由——克鲁修斯称之为"完善的自由"(Crusius 1744, 61, §50)——是沃尔夫想要避免的，就像恶魔想要逃避圣水一样。并且显而易见地，这种意志就将是一种偶然的意志，因为它不能够遵守充足理由律。根据沃尔夫的观点，康德关于自由意志的概念没有任何意义。然而康德却需要这一概念，一方面追随沃尔夫的本质主义，并且以自律原则的形式来激化它；另一方面又不使诸如德性的缺失和恶是如何可能的问题变得无法解释。因此，关于纯粹理性自身就是道德法则的来源的思想需要一种能够为恶行留下空间的人的意志概念。

康德关于自律的概念是与约束性概念结合在一起的，后者并不直接等同于实践必然性的概念。在《道德形而上学奠基》的开头提到的"纯粹道德哲学"(AA 4:388) 只有以一种能够决定自身去为善或作恶的意志作为牺牲，才能实现道德法则的绝对必然性。人类并不是上帝。上帝根据他自己的理性本性自主地按照必然性来行动。对于人类而言，自律则代表了一种道德的原则，他们应当根据纯粹理性的原则来决定他们的意志。如果对于沃尔夫而言约束性指涉的是意志遵循它的动机性根据之间的关系，那么康德则是将这一概念留给了偶然的人类意志去遵循纯粹实践理性的合法性之间的关系。除去沃尔夫的一般而言的"动机理论"就得到了一种康德关于人的意志的规范性理论，其中预设了自由与自然、纯粹与经验概念的二元论。

　　沃尔夫将道德必然性 (necessitas moralis) 称为被动的约束性 (obligatio passiva)。道德必然性就是一切其反面是不可能的东西。被动的约束性基于一种主动的约束性，后者源自我们的动机性根据 (motivi) ( 参见 Wolff 1720, § 116–118)。康德否定了这一观点。因为在一种纯粹的理性存在者（上帝）那里，被动和主动的约束性都不能够存在。不如说，被动的约束性是以一种偶然的意志作为前提的，它并不必然地根据它的理性本性遵从道德法则的必然性。我们是在强制自己必须要成为理性存在者。在对于定言命令的意识中，主动的约束性（obligatio activa）与被动的约束性就已经同时存在，在康德这里，消极的约束性被理解为对于我们强制要求自己必须遵守的原则的"依赖性"。(AA 4:439; 参看 Wolff 1738—39, § 116—118)

　　就像第二代和第三代的沃尔夫主义者一样，康德也感觉有必要更多地讨论情感在道德约束性中的重要性。尽管道德必然性的概念是一个纯粹理性的概念（一个纯粹的理性存在者并没有情感），康德仍然将这种表达在约束性中的强制性解释为一种敬重的情感。而且更进一步：敬重的情感是"通过一个理性概念而自己造成的情感"（AA 4:401n）。然而在敬重的情感中表现出的强制性并不是对于沃尔夫思想体系中的动机要素的补充。康德并没有想要通过敬重的情感发展一种流行哲学家们的"道德的混合学说"(Sulzer)，这种混合学说尝试通过将理性概念和情感混合起来，以试图在道德性的理论和实践的鸿沟之间建立起联系。更不用说这种情感并不能驱动我们行动[1]，敬重感在道德的体系内有其他不同的功用。这种情感旨在证明纯粹理性是约束性的来源，同时也将此与我们的感性本性联系起来。敬重感因此有一种双重功用：它能够允许我们同时履行作为约束者和被约束者的主体的功能。

敬重感是一种自我感受。与凯姆斯的义务感类似，

---

1　康德关于愉悦和不快的情感之间的区分以及欲望的能力很少在研究文献中被提及，可参见 Klemme 2015b.

敬重感将它的理性内容（或者说它的理性起源）直接地展现在我们面前。它将我们引向某种康德称为"真正自我"的东西。强制性被直接理解为理性的自我强制。从沃尔夫的自治到康德的自律，关于道德约束性的问题通过自我立法的理念得到解决。这就是康德在这场关于道德信念之理论根据的、具有划时代意义的辩论中的立场。腓特烈二世的观点是值得质疑的：或许有一本比《论义务》[1]更好的书。这本书就在他1786年去世的前一年问世，并且改变了我们从古至今思考道德性的方式。

---

1 我想要感谢 Michael Walschots 将这本书从德文翻译成英文。

# 第三讲

## 约束性的根据

——门德尔松与康德论道德哲学中的明证性

# 1. 导论

大部分启蒙哲学家都坚信，道德学（伦理学）在应用中所扮演的角色是一种能够被科学化的学科。这种科学化的两种极端形式就是以数学和几何学（欧几里得）的模型来为道德学奠基，或是根据一种基于观察与经验的经验主义方法（牛顿）[1]。克里斯蒂安·沃尔夫的工作革新性地提升了这场讨论在德国的知名度，他在莱比锡的就职论文《以数学方式构造的普遍实践哲学》中提出了这样一个要求：最重要的数学方法必须被应用于实践科学的奠基，而且在其自身中就能找

---

1 关于各种方法（综合的、分析的、数学的等等）在沃尔夫到康德之间的德国哲学与形而上学之间的（极其复杂的）讨论，可参见Tonelli 1959, Engfer 1982, Engfer 1983. 关于康德的获奖征文与数学方法之间的关系与意义，可参见 Koriako 1999, 25—105.

到这种科学的"普遍实践哲学"[1]。确定性不是一种幻象，而是理性的理论与实践的象征。而且这种确定性正是通过这样一种科学而得到证明，它以普遍实践哲学之名展现了一种为一切实践的学科（伦理学、法学、经济学和政治学）奠基的"自由的行动"的理论[2]。在《关于一般哲学的序章》（*Discursus praeliminaris de philosophia in genere*）中沃尔夫明确地表示，关于人类行动的理论与践行都同样包含在了这种科学之中："那种教授实践哲学的普遍理论与践行的哲学分类，将被我称作普遍实践哲学……我将它定义为一种关于情感的科学，因为它指导着意志去做到或回避某事；我将其定义为实践的科学（praktische Wissenschaft），因为它所教授的是那种决定内在行动的行动能力。"[3]

沃尔夫这种通过数学方法建构的普遍实践哲学被证明是相当成功的。与之相应的尝试同样可见于鲍姆

---

1 参见 Schwaiger 2005, 219—233，以及 Klemme 2018.

2 参见 Wolff 1720 § 1 以及 § 40.

3 Wolff 1728, § 70.

加登、迈耶、祖托尔（Johann Paul Sutor）等人，也可见于康德的《道德形而上学奠基》的"道德形而上学的预备概念"一章中[1]。但是沃尔夫将数学方法应用于"自由行动"领域上的想法在他之后就不再流行了。青年沃尔夫主义者们似乎达成了共识，即使要在道德学中应用数学的方法，也只能具有一种局部性的意义。这种数学方法并不能够达到它所宣称的，一方面保证对我们的道德（自然）约束性与义务的明晰的（以及确定的）认识；而另一方面又能保证对于这些义务的执行的要求。沃尔夫在第一版《德语伦理学》的第一原理中所主张的德性与幸福以及无德与不幸[2]之间的必然联系被经验就能驳倒。沃尔夫在方法论上保证了，对自然法则之明晰的认识应当就是"理智的和理性的人"[3]之自由行动的充分条件，而一切自由行动就是那些根据自然法则

---

1 见于 AA 6: 221-228。尤其值得注意的是祖托尔在 *Allgemeine practische Weltweisheit. Ein Versuch für die Philosophie in Bayern* (Jena 1774) 一书中的概述。关于祖托尔可参见 Klemme 2016, 767—768.

2 参见 Wolff 1733, 1，前言。

3 参见 Wolff 1733, 19，第二版前言。

而作的理性的行动。沃尔夫宣称，通过这种方式能够给实践哲学的基础概念，也就是"给自然的约束性概念带来一束意想不到的光芒"[1]。但是当这种理性的人自身违反他们所认同的约束性和具体义务时，沃尔夫的理论似乎就并不是那么正确了[2]。理性主义似乎在实际践行中遭到了挫折，因为沃尔夫并没有准备好承认，人类的意欲也是通过情感（感性的欲望）所决定的，而这些情感在本质上完全不能被明晰地认识[3]。

通过将数学方法应用在约束性、自由意志和人类的完善之上，沃尔夫无疑缔造了形而上学和实践哲学之核心概念的意义。但是它们仍然存在问题并且需要

---

1  参见 Wolff 1733, 18，第二版前言。

2  "因此，人们在道德中所要展示的就是如何能够达到德性；因此这主要就是关于展示我们如何充分地依照自然的约束性来行动。在这种约束性中，人们的行动是完全自由的，并且他在任何其他的行动中都不能变得更自由；与此相对的在其他的约束性中总是关涉某种强制，这种强制对于那些不能够真正认识到他们行动的本性的人而言是必须的。"(Wolff 1733, 18—19; Vorrede zur 2. Auflage)

3  这一点在一位忠诚的沃尔夫主义者戈特舍特（Gottsched）那里体现了出来，他提出德性的概念是在一个自主的，仅仅基于对我们的义务的认识就能导出在对象中的践行的"德性论"，并且为这个德性论留下了比在沃尔夫那里更大的空间。参见 Gottsched 1734.

进一步修正。因此并非偶然地，沃尔夫与牛顿追随者的柏林普鲁士皇家科学院同样受到了这些讨论的推动，在一位著名的沃尔夫追随者苏尔策的建议下，于1761年到1763年发布了针对以下问题的有奖征文："形而上学的真实性"与"明晰的证明"是否能够像"几何学的真实性"[1]一样。门德尔松以其论文《论形而上学的科学中的明证性》获得了第一名，康德以其论文《关于自然神学与道德的原则之明晰性的研究》获得了第二名。两篇论文都在1764年出版于同一合集中[2]。

对这两篇论文之间进行比较是值得的，而我将在

---

1 这一悬赏问题的全文是："人们想要知道，究竟是否存在形而上学的真实，尤其是对于自然神学、道德的第一原则，是否能够具有像几何学的真实一样的明确证明。如果不能具有这种证明的话，那么它的确定性的本质是什么？这种确定性的程度能够给人们带来什么？以及这种程度是否能够完全足够使人信服？"（Br, AA 02: 493）关于1749年到1761年之间在柏林科学院中对于方法论的讨论可参见 Prunea-Bretonnet 2015.

2 关于门德尔松这篇获奖论文的引用和页码我将使用他的 Gesammelten Schriften. Jubiläumsausgabe. In Gemeinschaft mit Fritz Bamberger [...] begonnen von Ismar Elbogen [...]. Band 2, Berlin 1931 (Nachdruck: Stuttgart-Bad Cannstatt 1972)。我将使用 Jubiläumsausgabe 以下版本的页码: Metaphysische Schriften. Mit einer Einleitung und Anmerkungen hrsg. von Wolfgang Vogt. Hamburg 2008。

以下的内容中就其与道德学和义务概念的阐述而言讨论这一比较。通过这一比较我们能够清晰地描绘出这两种哲学立场之间的异同。它们都吸收了沃尔夫哲学的元素，但同时也与其划清了界限。一方面，门德尔松通过一种新的构想替代并放弃了沃尔夫的重要立场，同时却也不将自己划归为沃尔夫反对者的立场。另一方面我们可以看到，康德尽管跟随了牛顿并且想要使用一种分析的方法，但仍然保持了一些沃尔夫的重要立场[1]。门德尔松有意优化一些沃尔夫的奠基性的想法。与此相对地，康德指向的是一些全新的东西。他想要越过卢比孔河，踏入被沃尔夫主义者们所禁止的领域内，但此时的康德还不知道如何应对他所面临的困难，这与某种冒险联系在了一起。在这篇于 1762 年底完成手稿的获奖论文中[2]，此时的康德仍然离我们在

---

1 恩弗（Engfer）指出，综合的方法在沃尔夫那里有一种分析的发展倾向（1983, 59），以至于康德或许其实比自己意识到的更接近于沃尔夫的立场。

2 在 1763 年 6 月 28 日，康德致信科学院的秘书福梅（Johann Heinrich Samuel Formey），请求为这篇论文的出版补交一份基于在此期间内的研究进展所写成的"附录"。尽管福梅同意（转下页）

《道德形而上学奠基》中所认识到的关于约束性的概念和定言命令的学说相当遥远。

## 2. 门德尔松论作为确定性和可理解性的明证性

根据门德尔松的观点，真实的东西的明证性是在于它的确定性和可理解性："属于真实性之明证性的，就是确定性和可理解性，而可理解性就是这样一种性质，只需要一次把握到了它的证明就立马能够对这一真实性深信不疑，并且在这种真实性中不会感受到任何的反对。"[1]尽管他认为形而上学的真实性能够达到像"几何学的真实性"[2]那样的确定性，但是比后者而言具有更小的可理解性。那么确定性和可理解性之间的不同点在哪呢？为了回答这一问题，门德尔松

（接上页）了，但是最终康德仍然没能出版这份"附录"（参阅 AA 10: 41—42; 以及 493—495）。

1　Mendelssohn 2008: 271.

2　Mendelssohn 2008: 271.

将其与作为数学方法之核心的三段论联系了起来，而且是在道德学的领域内。这些讨论具体见于门德尔松获奖论文的第三章（《道德学之原始根据中的明证性》）里。

门德尔松如何理解实践的三段论？实践的三段论导向的是我们对于义务的认识，义务是一种受到约束而去完成的行动，作为三段论的大前提服务于"普遍的生命规则"——门德尔松（像之前的沃尔夫）有时也称其为"普遍的基础原则"或"准则"。它们是"教授的"道德学的对象。这些普遍的基础原则能够"以几何学的严格性和简明性得到证明"[1]，因为它们在这方面依据的是一种"普遍的实践准则"，也被门德尔松称为"自然的第一法则"[2]或"普遍的自然法则"[3]。对这一大前提的明证性依据（或者说联系着）"普遍自然法则"的确定性。这一法则就是："要尽你所能

---

1　Mendelssohn 2008: 315.

2　Mendelssohn 2008: 317.

3　Mendelssohn 2008: 318.

地去做那些能够让你和他人的内在与外在状况以合适的尺度变得完善的事情。"[1]不难发现在这一点上与沃尔夫的"自然法则"[2]有一致与不同之处。在《德语伦理学》中沃尔夫写道："做那些使你和他人的状况变得更加完善的事情。"[3]这两条法则都要求完善化,并且二者都是对特殊法则或规则之认识的最高规则,而这一最高规则也是实践三段论的大前提。只不过沃尔夫能够满足于仅仅指出法则的约束性来源是理性的自然,也就是说,这意味着我们通过对自然的学习(包括对我们自己的自然本性的学习),能够认识自然法则(及其自然的约束性),但是门德尔松却提到了三种不同的认识"自然法则"[4]的进路:

第一条进路是后天的。这条进路让人联想到沃尔

---

1 Mendelssohn 2008: 317.

2 参见 Wolff 1733, § 19; § 17。关于他的完善性伦理学参见 Schwaiger 2001, 以及 Klemme 2007.

3 Wolff 1733, § 12, 并参见 § 19.

4 Mendelssohn 2008: 316.

夫的"历史的认识（cognitio historica）"[1]概念。但是门德尔松的着重点有所不同。沃尔夫认为每一个人都可以通过对自然的学习而认识到法则，但门德尔松却强调作为一种明确性之尺度的人类的普遍判断，我们行动的"规范"就是最高的善，"它最终针对的是人类的一切欲望和愿望"[2]。我们都同意，我们"千百计的欲望和愿望、热爱和偏好……这一切都最终指向我们，或者其他造物的内在或外在状态的保存和完善"，而这就是它们的"最终目的"[3]。换言之，因为我们一致认为，我们意欲的最终目的就是我们的完善，我们都处在完善化的约束性之下。就像先前的沃尔夫那样，门德尔松也预设了一切事物的良好秩序。但是他暗示与沃尔夫作出区分的地方就在于他尝试着确定这样一个视角，即这是基于一种人类对于善与不善的共同判

---

1　"那种对于是或者出现在质料的世界或者非质料治疗的实体中的认识，我们称其为历史的认识"（Wolff 1728/1996, § 3）。

2　Mendelssohn 2008: 316.

3　Mendelssohn 2008: 316.

断。两位哲学家都预设了一种理性的"目的论"层级，但他们二者在认识法则的方法上存在分歧。如果喜欢后门德尔松的术语的话，可以说在门德尔松这里有主体间性的苗头，而沃尔夫则是独白式的先驱。门德尔松道德学中的主体间性特征在沃尔夫那里是完全陌生的。同意、一致性、共同感对于门德尔松而言就是对法则的"认识的根源"。与此相对地，沃尔夫相信，每个单独的人自己就能够清晰地认识到自然的法则。

然后我们来看第二条进路。门德尔松认为我们同样能够先天地认识自然法则。他这一想法的出发点是"一种自由意志的存在者"概念，对这一概念的"阐明"[1]就证明了先天的自然法则。尽管沃尔夫也在他的《德语伦理学》中使用了一种自由意志的概念，但是在沃尔夫那里找不到一种从自由意志的概念出发来认识法则的苗头[2]。那么门德尔松是如何论证这一点的？

---

1  Mendelssohn 2008: 317.

2  埃伯哈德认为，我们能够从"人类和其他事物的自然本性"（Eberhard 1781, § 37）或"自由意志的自然本性"（Eberhard 1781, § 39）认识我们内在善的行动的"自然的约束性"。不过就门德尔松对于这种认识的先天与后天之分而言并不是在回溯埃伯哈德。

他的论证可以分为四步：第一，"一种赋有自由的存在者能从不同的对象，或是对象的表象中选取他所喜欢的"。第二，这种存在者喜欢他们在对象中感受到（或认为能感受到）的事物的"完善性、美与合秩序"。第三，基于这一原因，完善性、美与合秩序就是决定"一个自由存在者在决定他们的选择时"的"动因（Bewegungsgründe）"[1]。第四，通过这一"动因"，一种自由的存在者并不是受到强制，而是这些动因导向了"一种道德的必然性，这种道德必然性使得自由的精神不可能在非完善性、丑与无秩序中感到满意"[2]。总而言之，我们作为理性的存在者，必然要通过一种原因来决定我们的行动，以使其与自由意志的自然本性相符。自由意志将通过对于事物之合秩序性的满意感来决定行动。而无秩序性则被它所排斥[3]。

---

1　Mendelssohn 2008: 317.

2　Mendelssohn 2008: 317.

3　如果我们用批判哲学所使用的术语来说的话，门德尔松的证明就是基于一种自由意志与其动机（目的）的同时是综合与经验的关系。这种通过经验完整地分析了自由存在者的概念应当使我们导（转下页）

这一证明是否能够令人信服？我们不难发现，自然法则并不能通过对自由意志概念的分析而获得。"自然的第一法则"表达的是一种"自然的约束性"[1]，即表达了道德的必然性。就像沃尔夫一样，门德尔松将约束性等同于我们行动原因中的必然性，或者就是遵从正确的认识[2]。然而，当自由的存在者必然地遵从他对于善与非善的认识，这又如何能够说是以"自然的第一法则"的形式要求自己与他人的完善化？为什么这种自然法则能够被理解为规范性的而不仅仅是描述性的？对于这一问题似乎门德尔松与沃尔夫一样很少给予答复。他不能解释自然法则的命令式性质。自然法则不被允许如此宣称："要尽你所能地，去做那些能够以合适的尺度让你和他人的内在与外在状况

---

（接上页）向对自然法则的认识，因为它能够为我们提供完善化。众所周知，康德在《道德形而上学奠基》里拒斥了这种立场，因为道德法则必是对一切理性存在者都有效的（参阅《道德形而上学奠基》，AA 4: 425）。

1　Mendelssohn 2008: 318.

2　"做一种受义务约束的事情无非就是一种与其联系着的意欲与不欲的行动动机。"（Wolff 1733, § 8）

都变得完善的事情"，而只能是说"因为你是自由的
存在者，如果你掌握了相应的对善的正确认识的话，
那就会去做使你和他人的内在与外在状况变得完善的
事"。每一种命令式都预设了意欲的分歧，这隐含了
一种与命令式相悖的行动的可能性。然而这样一种意
欲的可能的分歧在门德尔松和沃尔夫那里一样都很少
能看到。

　　门德尔松可以如此回应这样的批评，即认为存在
一种真正的善和仅仅表面的善。我们事实上就是根据
我们对善的主观认识来行动的，但是我们却应当那样
行动，以力求达到真正的善。但是这一回应也并不能
够令人信服。完善性命令式要求我们以特定的方式去
意欲，但我们只有在已经认识了真正的善的情况下才
能够意欲它。我们首先要认识它才能意欲它。那么这
一命令式就只是间接地（以一种认识作为中介）规定
我们的意欲，而不是直接地。这样对于某一特定的意
欲的要求就必须是对一种双重意欲的规定：其一是遵
从实际的知性认识，其二是依照知性去寻找明确的认
识。而后者似乎在门德尔松这里被忽略了。从"对自

由意志的存在者的单纯先天阐明"[1]无法导出对于第一自然法则的先天证明。而且门德尔松似乎缺少对于这样一个问题的回答：为什么一个"自由意志的存在物"应当自我完善化，而同时这一存在物却显然也意欲那些违反这一完善化的行动，否则的话就不存在恶的（非善的）行动了。

门德尔松或许可以（尽管就我所知他并没有这么做）如此回应这一批评，即宣称一种存在者只有在根据自然法则行动时才是真正的自由。因而他只有这样才能作为自由的存在者，即仅仅根据真正善的表象被驱动去行动。这样就能够拒斥那些对于真正善没有明晰认识的行动。完善性的诫命就能够被理解为是这样一种要求，让我们要只根据真正的理性概念来行动。在这里门德尔松就能够选择是否要将理性概念自身理解为充足的动机（就像沃尔夫在《德语伦理学》中所做的），或者将这种认识与幸福的概念联系起来：我们符合德性地行动，是因为德性使我们幸福。门德尔

---

1 Mendelssohn 2008: 317.

松的处理方式似乎是这两种解释的混合："一种赋有自由的存在者能从不同的对象，或是对象的表象中选取他所喜欢的。而其令人喜悦的原因就在于，在那些被偏爱的对象中所能感受到（或认为能感受到）的完善性、美与合秩序。我也正是在这一完善性之下去理解那些对象向我们保证的有用性和感性的愉悦性，因为这两者都从属于我们内在或外在状态的完善性。"[1]

无论如何，门德尔松并没有预见到理性认识与自由意志之间的偶然的关联性。就像当时整体的德国哲学一样（在沃尔夫和克鲁修斯那里也是同样），约束性表达的就是一种必然性。就像在沃尔夫那里一样（但是与克鲁修斯相反），自由的意志（由于理性）并没有能力去选择那种与"有用性"或"感性的愉悦性"相悖的善。一种在克鲁修斯（以及康德的《道德形而上学奠基》）中那样典型的应当的概念，是很难在门德尔松以及沃尔夫和青年康德这里找到的。

在后天及先天的自然法证明之外，门德尔松还有

---

1　Mendelssohn 2008: 317.

第三种证明。他的观点能够这样得到证明，即"普遍的自然法则是与上帝的意图一致的"。如果我根据自然法则来生活，那么我的生活也就符合"上帝创世的最大的终极目的"，我也就是"神性的仿效者"。我如此认识作为世界之创造者的上帝，"即使是欧几里得的定律也不能够比上帝意志的自然法则得到更严格的证明"[1]。对于上帝之法则的自然法则的认识具有一种"双重约束性"[2]。我不仅仅有义务去践行对这一法则的遵从，因为这些法则（就像沃尔夫说的那样）是理性的或者（像门德尔松强调的那样）与"有用性"和"感性的愉悦性"联系在一起。同时我也必须这样来践行对这些法则的遵从，因为它与上帝的惩罚与恩典联系在了一起，基于此我们能够"更好地顺从上帝，并且服从上帝的统治"[3]。

那么自然法则与上帝的法则之间存在怎样的关

1　Mendelssohn 2008: 318.

2　Mendelssohn 2008: 320.

3　Mendelssohn 2008: 320.

系？对这一问题的回答在门德尔松的获奖论文中是开放的。但是他似乎将二者视为同一的。这样他就又一次离开了沃尔夫主义的立场。因为对于沃尔夫而言，对自然法则的认识是理性人的充足的动因[1]，对于那些非理性的人而言，上帝的法则才是必要的，它们因为其非理性，所以需要一种额外的动因去做善的事情。而在门德尔松那里，上帝的制裁对于所有人而言都是额外的动因。我们遵从法则不仅仅因为它是理性的，而是因为它首先与愉悦联系在一起，其次又被认为是上帝的法则[2]。从沃尔夫的视角看，这必须要被理解成对于明晰性的理性原则的直接攻击。

作为结论，这三种证明可以导向三种不同的准则

---

1　"由于我们是通过理性来认识自然的法则想要我们做什么……因此，对于理性的人来说并不需要任何其他的法则，他的理性就是法则。"(Wolff 1733, § 24; 并参见 § 38)

2　沃尔夫与之对立的立场是："一个理性的人能够行善，因为它是善的；能够拒斥恶，因为它是恶的：在这种情况下他就与上帝是相似的，因为他没有更高级的命令使他有义务去行善并拒斥恶。"(Wolff 1733, § 38)由于只有"出于自然约束性的非理性者"需要其他以"恩典与惩罚"形式出现的"行动原因"，因此，沃尔夫并不是纯粹幸福主义伦理学的代表。与此相对地可参见 Schwaiger 2011, 152, 以及 Bacin 2015, 15—33, 20—21.

的公式化，而且它们都是对同一个法则的表达："①
去考虑所有人的偏好在什么地方能够达成一致。②去
认识那个作为自由的存在者的自己。③去认识那个作
为上帝的子民的自己。并且这三条基础准则能够导向
一个共同的结果：使你和他人变得完善。"[1]门德尔松
相信，一切出自这些准则的义务都能伴随着"确定性"[2]
被导出。尽管很遗憾，人类还未能简单地把握到这一
确定性。在理论上可能的东西在实践中很难得到证明。
由于这些原因我们必须要在确定性和可理解性之间作
出区分。

这里需要注意的是，门德尔松将可理解性问题置
于实践三段论的两个不同的位置里。首先是作为大前
提，要把握它的真实性很难，因为整个道德哲学就是"关
于意志自由的存在者之特性的科学，如果他有一种自
由的意志的话"[3]，这种道德哲学是以形而上学为基础

---

1　Mendelssohn 2008: 321.

2　Mendelssohn 2008: 321.

3　Mendelssohn 2008: 322.

的。这一论证表明了，谁如果没有正确地学习过形而上学，那么他也就不能理解道德的基本原则。门德尔松想要将作为明证性之特征的确定性与可理解性区分开来的真正诱因，是对于实践三段论的小前提的认识，这对于"践行的"道德学具有核心的意义。"教授的"道德学和"践行的"道德学[1]之间的区别何在？在"教授的"道德学中，准则将由普遍的自然法则导出，并作为实践三段论的大前提。大前提具有这样的形式，"在遇到属性 A 的地方，就要求去做义务 B"[2]。例如，如果一个人渴了，那么就有一种义务要求我去给他水喝。而"践行的"道德学将这一三段论应用于经验世界，即人们在遵从法则的时候所伴随的动机。它是关于在

---

1　这一区分对于沃尔夫而言是陌生的，因为伦理学（道德学）总是实践的。沃尔夫区分的是作为实践哲学之践行的伦理学和作为理论的自然法："清楚的是，自然法是实践哲学的理论……也就是伦理学、政治学和经济学……由于并不需要将理论根据与实践给分开，因此自然法也可以在伦理学、经济学和政治学中被教授。"(Wolff 1728/1996, § 68) 也可参见 Altmann 1969, 第 368 注释，以及 Albrecht 1994。根据 Albrecht (1994, 48) 在"鲍迈斯特、鲍姆加登或迈耶那里"没有"践行的道德学"：门德尔松是不是有意识地反对沃尔夫的术语，这还很难说 (1994, 48)。

2　Mendelssohn 2008: 315.

具体情况下哪一具体行动应该被执行的问题。对于"践行的道德学"而言，我们很难明确地认识到三段论的小前提，而尽管大前提具有数学的确定性，结论却只能是有可能有效。而这正是门德尔松的论点：小前提的真实性永远基于经验，而经验永远不能将我们导向无可置疑的结果。

然后这一论点表明，在一个实践三段论中，小前提很难被理解把握，这和大前提是完全不同的：我们将"被导出的自然法规定我们应当或允许做某事；而在执行过程中它的不可错性就逐渐降低了，并且在一切或然性的阶段中最终下降到不确定性"[1]。我们作为尘世的存在者必须让自己"听凭愚蠢的或然性指引"："哪一个尘世的存在者能以可认识的确定性吹嘘自己能够在正确时机和情况下做出最好的行动？在这种情况中如果想要等待确定性，那就意味着想要永恒的犹豫不决，并且永远无法付诸实践。"[2]

---

1　Mendelssohn 2008: 324.

2　Mendelssohn 2008: 324—325.

那我们应该怎么应对？门德尔松对于这个世界的非明晰性的同情构想，导致了沃尔夫式的理性主义在实践中被证明是荒谬的。而且这一构想也使得它的理论被置于阴影之中。如果我们在实践中无法认识到事物的秩序，那我们如何能够妄称它们就是最高级的自然法则和普遍准则呢？而如果秩序、完善性和美都隐藏在或然性的面纱之下，我们又如何能讨论它们呢？在这里我们不难想象沃尔夫是一个会被门德尔松猛烈批判的哲学家。沃尔夫将理性理解为不仅仅是承担了理论，它同样也明确决定了我们实践的具体性。

不过门德尔松也有一个能够拯救我们对事物的良好秩序的认识的想法：如果理性在经验中丢失了实践的取向，那么"良知"[1]就会作为替代。通过这一良知就能从或然性中得到确定性。良知代表了"理性的位置"[2]，良知是"内在的感觉"，一种"对于善或恶的

---

1　Mendelssohn 2008: 325.

2　Mendelssohn 2008: 325. 康德在他的批判哲学中也在道德心理学的领域内提到了良知的概念，参见：Klemme, Heiner F.: "Gewissen und Verbindlichkeit. Kants Idee eines" inneren Gerichtshofs " zwischen Christian Wolff und Adam （转下页）

感受"[1]。它是"一种用不清晰的推论正确地区分善和恶的能力"[2]。在良知概念上要想离开沃尔夫的立场，就必须承认自己已经站在了他的对手的领域里了[3]。我们由于良知能够用"不清晰的推论正确地区分善和恶"，沃尔夫绝不能接受这种观点。因为沃尔夫将良知等同于我们对于行动是否有完善性的判断。如果这一判断是真实的，那它就是正确的；如果判断是错误的，那么这就是一个犯错的良知[4]。而门德尔松却没有给出正确的和犯错的良知之间的区分。在门德尔松那里没有

---

（接上页）Smith." In: *Der innere Gerichtshof der Vernunft* Hrsg. von Saša Josifović und Arthur Kok, Leiden 2016, 63—83.

1　Mendelssohn 2008: 325.

2　Mendelssohn 2008: 325.

3　沃尔夫代表了一种对良知概念的认识主义立场。"无论我们关于自己行动的判断是善的或恶的，都能被称为良知。人能够判断他的行动的后果，是否通过他的行动使自己与他人内在或外在的状况变得完善了，仅在这个意义上我们说这个人有良知。"（Wolff 1733，§73）而我们的良知正确与否，能够通过"理性的钥匙"或"论证"（Wolff 1733，§94）得到确定（证明）。这种"论证"就是我们得到"一种确定的良知"的唯一手段"自然的方法"是不可能的（Wolff 1733, §95; 并参见§75），而这似乎正是门德尔松的方法。

4　参见 Wolff 1733: §74.

会犯错的良知。

我们通过良知不仅仅区分善恶，而且也解决了一个困扰后沃尔夫主义哲学家们的核心问题，即动机或践行的问题。比起理性，良知是对"欲求能力"有更强的"作用力"的一种情感[1]。通过这种感觉就能克服在"理论的赞成"（门德尔松将其等同于"知性的确信"[2]）和"实践的赞成"[3]之间的鸿沟。"理性要么战胜低级的灵魂能力，要么利用它们，只有这样，对于真理的赞成才能是实践的。"[4]尽管沃尔夫也想要否认在高级和低级的认识能力之间可能存在的矛盾，但是门德尔松认为这种矛盾并不能简单地通过明晰的概念而得到解决。沃尔夫的理性主义不再能够令人信服。在动机性的理性层面上转向了感觉和直观，而这也正是康德在《道德形而上学奠基》中所提到并批判的"混

---

1　Mendelssohn 2008: 325.

2　Mendelssohn 2008: 326.

3　Mendelssohn 2008: 326.

4　Mendelssohn 2008: 326.

合的道德学"[1]。

门德尔松区分了四种能够"使低级的灵魂能力与理性达成一致"[2]的方法：①动因的频繁出现；②练习；③适意的感受；④直观的认识[3]。他认为只有一些"幸运的天才"[4]能够通过"严格的理性……控制他的偏好"[5]。其余的人必须要在情感、实例或者直观中寻找庇护所。

最终我们不仅能清晰地看到，门德尔松对道德学中明证性的讨论，认为数学的方法并不能也不应该达到沃尔夫所相信的那种效果。同时也能明白，我们不是必须要用这种数学方法来引导我们在世界中的行动。事实上门德尔松在实践三段论的意义上支持数学的方法，但是在其结论导出的过程中降低了它的重要性，在这一过程相关的是经验性的方法。数学方法之使用

---

1　Kant, AA 04: 41.

2　Mendelssohn 2008: 327.

3　Mendelssohn 2008: 328.

4　Mendelssohn 2008: 329.

5　Mendelssohn 2008: 329.

的成功之处并不能与它曾被赋予的那些希望相对应。

"因为（数学的）方法在内在的确信中并不是必需的，并且对于数学教学的应用几乎被误用到了可笑的地步；因此我不想让我的这篇论文无谓地变得更厚。"[1]

此外，有奖征文的题目制定者苏尔策在他1769年出版的《对道德人的心理学考察》中也踏上了门德尔松的道路。根据他的观点，"单纯的慎思""足够将我们导向明智"[2]。但是为了使"真理变得有效"，必须要加入一些其他的东西："在达到理性的这一等级之前，即在对于真理的表象或认识变成感觉之前，人们不能够变得更加正义。"[3] 不过在这条路上苏尔策或许也并不是特别相信自己的这一论点。因为在1770年12月他致信康德，请他解释德性和恶习之间在心理学上的区别。然而苏尔策没能等到一个答案。在他死后的第六年康德出版了《道德形而上学奠基》，在其中

---

1　Mendelssohn 2008: 330.

2　Sulzer 1773, 282—306, 301.

3　Sulzer 1773, 302—303.

的一个注释里[1]康德提到了苏尔策的这个问题。苏尔策一定不会喜欢康德的答案：我们必须更多地而非更少地运用理性。约束性的根据以及我们的道德动机是纯粹理性而不是经验[2]。

## 3. 康德论"道德的第一根据"

康德对于道德哲学中的确定性的讨论方向与门德尔松完全不同。这一点可以从康德的《关于自然神学与道德的原则之明晰性的研究》的"考察四"第二节的标题"道德的最初根据依照其现在的性质还不能取得所要求的一切明晰性"[3]中看出。为了说明这一论题，康德提到了"约束性的第一概念"[4]。施穆克（Josef

---

1 参见 AA 04: 411 注释。

2 关于苏尔策对于康德《道德形而上学奠基》的意义参见 Klemme 2011.

3 Kant: AA 02: 298. 第一根据（Erste Gründe）和"最初根据"（Anfangsgründe, lat. initia）是同义词。

4 Kant: AA 02: 298.

Schmucker）在他经典的、至今仍被广泛引用的《前批判时期的著作与手稿中的康德伦理学的起源》[1]一书中宣称，对约束性的强调应该被理解为是与沃尔夫的划清界限并且是对克鲁修斯的赞同，因为施穆克认为沃尔夫伦理学中的核心概念是完善性[2]。然而事实正好相反。显然［就像施穆克所引用的门泽（Paul Menzer）已经强调过的那样］在沃尔夫那里"自然约束性"[3]才是伦理学的"第一概念"。沃尔夫并非偶然地强调这一概念，将其视为实践哲学中的核心概念第一次在方法论上被正确地对待[4]。约束性表明了存在于自然法则

1　Schmucker 1961.

2　参见 Schmucker 1961, 60, 85.

3　Wolff 1733, 18 (Vorrede zur 2. Auflage). 亨利希（Dieter Henrich）指出在克鲁修斯那里（康德也分享了克鲁修斯的观点），"约束性概念属于实践哲学的第一概念"。（Henrich 1963, 416）然而在这个问题上克鲁修斯和沃尔夫之间是完全一致的。两人都认同一种必然性（约束性）的法则。两人之间的分歧则更多地在于这些概念的内容或含义。

4　"我已经说明了，人如何可能受到约束去做某事，尤其是如同一束意想不到的光芒一样被呈现的自然约束性，在面对这一概念的时候，人们意识到自己更多的是要去认出它，而不是去解释它。"（Vorrede zu der anderen Auflage, 18）Schmucker 1961,（转下页）

与我们的意志之间的联系。只有在沃尔夫证明了"事物和我们自己的自然本性"[1]是约束性的来源之后，他才能具体说明这种约束性以何种方式生效，即以要求我们变得完善的形式。

康德并没有反对沃尔夫的约束性概念，甚至明确表示他是正确的：约束性处于道德哲学的中心，尽管它迄今为止没有得到足够的阐明。这也潜在地表明了康德与另一种崇尚情感的哲学划清了界限，即之后康德具体指名的哈奇森的道德哲学。因为哈奇森是以对

---

（接上页）59—60 和 Schwaiger 2009, 68 注释指出了鲍姆加登对"约束性"概念的强调。我在这里并不想过度减少鲍姆加登对于康德而言的意义，但是可以肯定的是，鲍姆加登并不是第一个将这一概念置于实践哲学中心的人。另外康德批判丁所有在他之前对丁约束性概念进行阐释的尝试，同样也包括鲍姆加登。同样值得注意的是，康德在《道德形而上学奠基》中并不是开始于约束性概念，而是（像沃尔夫在《德语伦理学》中所做的一样）开始于意志的概念。所谓"经典的"三分法：意志—法则—约束性。法则表明了，意志自由是通过一种确定的原因（动机）来决定行动，或必须（应当）决定行动。无可置疑的是，我们并不能抛开约束性的概念来讨论（道德、自然、上帝的）法则。就像戈特舍特在他的《一切哲学的第一根据，实践部分》[*Erste(n) Gründe der gesammten Weltweisheit, Praktischer Theil*] 的第二部分 "Von dem Gesetze der Natur und der Verbindlichkeit desselben" 中所做的那样 (Gottsched 1777, § § 29—49)。

1　Wolff 1733, § 9.

约束性概念的批判而闻名的。他在休谟之前就赞成放弃这一概念[1]。人们也很乐于讨论苏格兰哲学对于康德的意义，任何一个了解哈奇森的人在读到康德这篇获奖论文的时候，都会将康德对约束性的强调理解为是在反对哈奇森的观点[2]。此外，康德不仅仅将约束性概念局限在道德哲学之中，他更多地将其置于一种"实践的哲学（praktischen Weltweisheit）"的概念之中：

"为了澄清这一点，我只打算指出，约束性这个第一概念还鲜为人知，我们必须放弃在实践的哲学中，提供基本概念和原则的、为自明性所必需的明晰性和可靠性。"[3] 将对约束性的处理视为实践的哲学的基础性

---

1　参见 Hutcheson 1760, 13.

2　"然而尽管人们解释诸如义务、约束性、有责任、必须等概念，人们仍然不知道到底什么才是激起他们行动的原因，在诉诸道德情感之前人们无法找到这种先于一切偏好或正确理由的原因。"(Hutcheson 1760, 243—244)

3　Kant: AA 02: 298. 认为约束性概念迄今为止仍未得到阐明的这一观点并不是康德独有的。戈特利布（Johann Melchior Gottlieb Beseke）在 1774 年的著作《关于作为道德哲学和自然法的第一根据的道德性和约束性的根源》（*Über die Quellen der Moralität und Verbindlichkeit als die ersten Gründe der Moralphilosophie und des Naturrechts* (Halle)）中写道："似乎在一开始，（转下页）

概念正好就是沃尔夫（及其后的鲍姆加登）所理解的。读者们肯定有这样一个印象，即康德想要完成一个开始于沃尔夫及其追随者们的计划，而他们却由于方法论上的原因不能够成功完成这个计划。与沃尔夫相对地，康德并不相信这一概念已经被清晰地建构了出来。而与门德尔松和苏尔策相比，康德又没有放弃对这一概念进行明晰地解释的要求。

然而遗憾的是，在这篇获奖论文中仅仅展现了这一全新的约束性理论的一抹剪影。康德的主要论题是：所有的约束性都通过这样一种公式来表达：在这种公式中通过"应当"一词表达了"行动的必然性"[1]。应当一词所命令的要么是达成所意欲之目的的手段，要

---

（接上页）仿佛某种程度上的义务的充分根据就已经存在于在我的理性中了；但是究竟如何确定这一根据的与其作用效果之间的关系，或者我们的理性是如何生成约束性的，我倾向于将这些问题归入约束性的根源这一表达之下去理解。然而这一问题我还没在其他人那边找到过答案。如果这些问题能够在我这得到正确的解答的话，我相信就能够得到一种与迄今为止我所接受的完全不同的道德以及对自然法的说明。"（1774: 21）关于约束性的问题在某种意义上已经在大街上放了十几年，一直等待着被解决。

1 Kant, AA 02: 298.

么是目的的"直接"实现。与此相应地康德区分了"手段的必然性 (necessitatem problematicam)"和"目的的必然性 (necessitatem legalem)"[1]。现在他的论题是：手段的必然性并没有表达出一种约束性，因为手段的必然性依附于目的的必然性。如果不存在"自身必然的目的"[2]，也就不存在约束性。因此，"约束性的公式"必须表达一种直接必然的行动。那么它如何能被证明呢？

在我们转向这一问题的答案之前必须要提醒的是，这一论题对于门德尔松而言并不陌生。在他的获奖论文的结论中也得出：所有人类都达成一致，同意最终目的的完善化是我们共同的意欲。尽管如此，康德在这一步似乎与另外一位作者站得更近：克里斯蒂安·克鲁修斯[3]。因为克鲁修斯和康德一样认为，并不是所有

---

1　Kant, AA 02: 298.

2　Kant, AA 02: 298.

3　对于应当概念的援引以及不同种类的约束性之间的区分将康德推向了更靠近克鲁修斯（就像在文献中经常被强调的那样）。在他的《指导合乎理性地生活，在其中根据对人类意志之本性的阐明，（转下页）

的目的—手段之间的合理性都证明了一种约束性。不过与克鲁修斯不同的是，早在1762年康德就不再严肃地考虑上帝的法则能否成为约束性的根据了[1]。

康德如何阐明约束性的根源？他区分了行动（和不行动）的"所有约束性的第一形式根据"与"实践认知的质料原理"[2]。组成约束性"形式根据"的原

---

（接上页）自然义务和普遍智慧学说会以正确的关系得到讨论》（Crusius 1744）一书中，克鲁修斯反对沃尔夫："因此自由就不必是一种根据最好的知性的表象来行动的能力，而是当给出的行动中确实有一种最好的，那么它就应当只是一种能够选择最好的力量，并且根据上帝的意图它应当被应用在真实的把握之中。"(Crusius 1744, § 52, 64—65)

1 参见 Henrich 1963, 414 和 Schwaiger 2009, 61. Schwaiger 指出，"比起沃尔夫，鲍姆加登更加强调约束性及其宗教方面"（2009, 72）。不过依我所见，Schwaiger 的下一个论题并没有凭证，即康德由于他的虔敬主义倾向而特别地重视鲍姆加登（"我们可以认为，正是由于鲍姆加登将道德的宗教性和更加前卫的哲学态度综合了起来，吸引了康德并且使他将鲍姆加登的著作用于教学与讲座。"2009, 73）。其实这一论题的反题也同样有效：尽管鲍姆加登有更亲近虔敬主义的立场，康德（由于缺少更好的替代选项）还是在讲座中使用了鲍姆加登的教科书。

2 Kant, AA 02: 299. 这一区分显然不是原创的。克鲁修斯宣称，特定的认知一方面是关于"形式的原则"，而另一方面关于"质料的原则"，"通过它们我们得到了推论的材料。它们就是内感官和外感官……如果我们从下往上看的话，经验就是我们推论的第一前提。然而通过抽象，我们最终到达了直接的原理或者公理"(Crusius 1747)。关于克鲁修斯也可参阅 Zac 1974, 487.

则与沃尔夫（以及门德尔松）那里的完善性原则并无不同。康德认为这些原则有两条规则："做通过你而成为可能的事情中最完善的"，并不做"那些阻碍了由于你而极有可能的完善性的事"[1]。

仅仅从这两条形式的原则中并不能导出正确的行动。它们必须要与质料的原理结合起来。这同样也是没有被沃尔夫和门德尔松质疑的信念。显然在"自由行动"的概念中需要行动所针对的目的。决定性的问题只是在于，这些质料的原理是什么，以及我们如何能够认识它们？在这一点上康德和沃尔夫之间出现了明显的分歧。康德代表了这样一种观点，即认为质料的原理是"不可证明的"。它为何不可证明？因为它并不是以一种认知为根据，而是以一种感觉为根据："在我们这个时代[2]，人们首先开始认识到，表象'真'

---

1　Kant, AA 02: 299.

2　参见 Hutcheson 1760, 227—228。在这一著作中"动机性原因（motifying reasons）"被翻译为"aufmunternde Gründe"（而不是行动原因 Bewegungsgründe）。朗格卢瓦（Luc Langlois）将这与克鲁修斯联系起来肯定是不合适的。参见 Langlois 2013, 364—368。康德在这篇获奖论文中指名称赞的并不是克鲁修斯, 而是哈奇森。

的能力就是认识，但感受'善'的能力却是情感，二者绝不能相互混淆。"[1]"不可证明"意味着，这一原理并不是通过理性，即通过数学的方法能够得到证明。质料的原理完全不能被证实。我们只能像指涉一个事实一样指涉物质原理的内容。这样康德就与沃尔夫明确地区分开了，在沃尔夫那里我们意志的（我们能够称为是）质料的理性是以对于自然的学习和认识为基础的。

那它又与门德尔松的观点有什么关系呢（康德显然不可能知道这些观点）？如果康德将质料原理的来源视为感觉的话，那么康德岂不就恰好代表了与门德尔松一样的观点？对这一问题的明确回答是：既是，也不是。是，因为在康德这里实践三段论的小前提也是基于情感的；不是，因为康德在认识和感觉之间进行了严格的区分。情感并不是一种不清晰的认识，它们根本就不是认识。不可能存在一种（门德尔松所说的）"幸运的天才"，他能够明晰地知道其他一般人不能

---

1 Kant, AA 02: 299.

明晰地感受到的东西。感觉就是我们所说的自我指涉，它并不关涉它所支持的事物的良好秩序，而如果人们能够成为他们低级欲求能力的主人的话，这一秩序也能被理性地认识。"质料的原理"是"不可证明"的，它们不可能被理性地辩护。"目的的必然性"是一种被感觉到的必然性。"这是善的这样一个判断是完全无法证明的，而且是来自情感对于对象的表象之愉悦意识的直接结果。我们肯定能找到很多对善的单纯感受，因此也就有许多诸如此类无法分解的表象。据此，如果一个行动是直接地被表象为善的，而没有以一种隐秘的方式包含了另一种能够通过解析而被认识的善，以及为什么它被称为善，那么这种行动的必然性就是约束性的不可证明的质料原理。例如，去爱那些爱你的人，这是一个实践原则，它虽然处在以无形的最高形式的肯定规则之下，但却是直接的。"[1]

在论文的结尾康德重提了他的总纲："在道德的最初根据中达到最高程度的哲学自明性必然是可能的，

---

1  Kant, AA 02: 299.

但约束性的最高基本概念还是必须首先得到更可靠的规定。"[1] 尽管康德赞美了哈奇森和他的情感哲学，但在这位苏格兰哲学家那里却几乎找不到康德所期望的关于约束性概念的"更可靠"的规定。哈奇森"以道德情感的名义……为作出卓越的说明提供了一个开端"[2]。这一"卓越的说明"关涉道德就是质料的原理。但是它恰恰并不关涉形式的原理。而只有在形式的原理中才能表达约束性。我应当使自己完善，而且我只按照能够使我变得完善的方式来决定我的目的。而从哈奇森的主张中并不可能产生约束性的概念[3]。如果存在一种康德明确地区别于哈奇森的形式原理，那么约束性的概念必须由此才能得到解释。正如形式原则是质料原则之合理性的尺度，质料原则也是形式原理的

---

[1]　Kant, AA 02: 300.

[2]　Kant, AA 02: 300.

[3]　"当我们说，某人受到约束去做某个行动，这要么意味着这个行动是为了实现这个行动者的幸福或回避他的不幸，要么就意味着所有的旁观者都必须在所有情况下许可或否决行动者的行动或不行动。第一种对于约束性的理解预设了自利的偏好以及对于自我幸福的感觉，第二种则推断出一种在其中的道德情感。"(Hutcheson 1760, 244)

必要内容，否则后者就是空洞的。

## 4. 总结与展望

可惜的是，如何完成这一约束性理论的细节，康德并没有告诉柏林科学院的成员们。可以肯定的是如果他在 1762 年有能力做到这一点，那他肯定会这么做的[1]。但是他并不能做到，因为他自己也不知道如何完成约束性理论的细节。而之后他也不会将这些细节告诉他的读者，因为他会将这一约束性的理论作为整体给出。表面上看起来《道德形而上学奠基》与 1762 年这篇获奖论文很接近，但是在基本信念上却有了剧烈的变化[2]。在 1785 年的《道德形而上学奠基》之后，道德的最高原则就不再是要求我们通过促进善来达到完善。我们不应该变成我们尚且不是的样子，而是更应

---

1　在他已经引用的给福梅的信中，康德提到了"已经从几年前开始就忙于"有奖征文的主题了 (AA 10: 41)。

2　关于作为《道德形而上学奠基》的主导概念的约束性，参见 Klemme 2017.

该保持我们作为智性的存在者已然所是的样子：理性、自律、普遍地立法。而自我的完善在1785年已经被康德降级为是一种不完全的义务，即一种我们作为人——而不是作为理性存在者——的德性品质了。同时我们行动的最高目的不再是通过直接的情感，而是以纯粹理性的形式被给予。在1762年康德没有办法使用，甚至都没办法预料作为他学说之基石的定言命令式。

就康德在道德哲学的领域内的尝试而言，1762年与1784年（《道德形而上学奠基》的原稿在这一年完成）之间的核心区别在于，1762年康德仍然尝试（像沃尔夫一样）将约束性完全理解为"行动理由"。这一概念根本不被允许与动机的概念等同起来，就像我们现在经常做的那样。"行动的理由"不仅仅是驱动我们意志的动机，它同时也提供了理由，也就是说它能够被认为理性的动机。作为理性的认可（以自然的规则、原则、原理或法则等形式）也意味着使用动机去做出对应的行动。正是归功于对理由和动机概念是否等同的怀疑，门德尔松、康德和苏尔策这样的哲学家着手尝试一种对约束性概念的新定义。它否定了我们的经验，即人们通过对于善的单纯认知就能够被驱动去行动。必须有一种不同于认知的东西解释为什么人类比起一种行为更倾向于做另一种。这种东西可以是一种同时向善和向恶的意志（像克鲁修斯所认为的），它也可以是一种直接情感的原理。直到1785年康德才提出这种伦理原理的观念：自由意志自身就是法则，而这只能在预设了法则概念的情况下才是可能的，法则概念是抽象于一切质料内容的，即使这些质料内容（像沃尔夫所说）是被理性秩序承认的。

本讲的目标在于揭示门德尔松和康德在他们的获奖论文中的一些特点，尤其就其与沃尔夫和1785年的康德之间在道德哲学观点上的划界而言。我们已经看到，门德尔松虽然一方面基于起源于沃尔夫的基础假设进行论证；然而另一方面他却代表了另一个明确地反对沃尔夫观点的立场。而在康德这边却没有放弃道德哲学的核心概念，尽管他（指名或不指名地）积极地提及苏格兰道德哲学家。相反地，他希望在将来能够努力解释这个核心概念。在道德哲学中是否有确定性？门德尔松的回答简单来说就是：是的，但是在实践中我们必须满足于或然性。与此相对地，康德的回答是：很可惜还不是，但是我将继续研究这一问题。

康德道德哲学思想的发展历史在其替代方案的背景之下得到具体化，因为康德会在自己的概念使用和论证中运用这些替代方案来修正或表达自己的立场。然而仍然存在一种巨大的误解，认为康德的观点能够从这些历史语境（顺便一提，由于缺乏对于德国启蒙时期道德哲学的全面的问题史研究，这些历史语境某种意义上还是处在黑暗之中）中被"导出"。据我所知，康德在他哲学发展的任何时候都不曾是沃尔夫、克鲁修斯、鲍姆加登、哈奇森或者卢梭（我只提几个著名的哲学家）的坚定不移的信徒，因为他作为追随者的身份会妨碍他从独立建构的问题意识中去进行哲学思考。然而这对于门德尔松也是一样的[1]。无论如何，关于德国启蒙运动时期的约束性概念的更详细的研究仍有待完成。

---

1　关于门德尔松伦理学之发展的研究，参见 Altmann 1969 以及 Albrecht 1994.

# 第四讲

## 自由与自然必然性的对立

### ——克里斯蒂安·加尔韦的问题与康德的解决

# 1. 导论

康德与克里斯蒂安·加尔韦关系十分密切。这两位哲学家从来没有见过面，但他们都在个人层面上十分喜欢对方。在实践哲学方面，他们共享着一些相似的哲学信念。他们都相信道德区分的现实性，同时也都认为所有人都有区分美德与恶行的洞见。两人都是受过传统德国学院形而上学训练的哲学家——康德在哥尼斯堡，而加尔韦主要在哈勒和莱比锡[1]。他们学习使用同一种哲学语言，讨论同样的问题，以及使用同样的方法，但是他们两人之间也还是有明显的差异，这些差异有助于阐释他们在 1770 年代与 1780 年代各自的哲学立场。当时的许多哲学家想要超越纯粹沃尔夫主义的局限，但却是以十分不同的方式来进行：加

--------

[1]　关于加尔韦的生平和著作，参见 Wunderlich 2010.

尔韦不信任理性的概念而强调感觉和情感的重要性，而康德则站在了相反的立场上。通过考察沃尔夫主义者们对于当时道德情况的诊断，康德得出结论，说他们给出的是错误的、掺杂了经验成分的药方。其中的一个例外似乎是在1785年宣称自己是最后一个真正的沃尔夫主义者的门德尔松："我知道我的哲学并不是这个时代的哲学，我的哲学仍然有太浓重的学院气息，我是受这种学院哲学教育的，它统治了这个世纪的前半叶，或许它太过于专横，想要压制每一种对它的反抗。"(Mendelssohn, Morning Hours. Lectures on the Existence of God, p. xx) 因此，如果我们使我们的道德概念从这些学院哲学中解放出来，那么我们就将有机会展现一种无条件善的意志的基本原则，并且使我们自己根据这些原则来行动。

康德对加尔韦于1783年出版的三卷本《关于西塞罗〈论义务〉一书的哲学评论与论文》(*Philosophische Anmerkungen und Abhandlungen zu Cicero's Büchern von den Pflichten*) 不满意，这并不出人意料。西塞罗的《论义务》同样也在1783年被加尔韦翻译成德语，此书在 18 世纪仍十分具有影响力。在这个世纪里几乎所有的道德哲学讨论背后都有它的身影，《论义务》享有着作为空前绝后的经典著作的地位。要求加尔韦翻译《论义务》的普鲁士国王腓特烈二世甚至在 1780 年宣称这是一部"前无古人后无来者的讨论道德性的最佳著作"[1]。康德和加尔韦都很欣赏西塞罗，但他们也都想要超越西塞罗。如果我们看一下加尔韦在他的《哲学评论》中所表达的一些基本信念，就能更清楚地发现康德和加尔韦之间的不同。加尔韦相信所有的法则和义务都基于我们的自然本性[2]：我们的义务是基于情感和反思；在我们的各种情感中有一种"层级区分"[3]；对上帝的信仰"修正了"[4] 我们的德性；以及我们永远也不能确知我们是否完成了自己的义务[5]。根

1　参见 Frederick II 1780, 42.

2　参见 Garve 1787, I 126, II 30 以及III 298.

3　参见 Garve 1787, III 287.

4　参见 Garve 1787, II 28.

5　参见 Garve 1787, III 292—293.

据加尔韦，我们所有的义务归结起来在于这样一条原则，即根据自己的才能所能做到最好的去行动。如果我们要找一条与康德的定言命令的基本理念完全相反的道德原则，那么加尔韦的"根据你的才能来行动 [nach Vermögen thun]"[1] 就将是必然之选。由于它的主观性以及个人主义立场，这看上去比鲍姆加登所提出的"使你自己变完善！"[2] 这一原则要弱一些。无怪乎康德想要写一本名为"反批判"（Anticritique）或"绪论"（Prodromo）[3] 的书来反对加尔韦，并且这本书最终变成了《道德形而上学奠基》。《道德形而上学奠基》并不是对加尔韦的著作进行逐字逐句地反驳，或者反驳任何一种在哲学史上曾经被提出的道德原则。它是

---

1　"根据才能来行动，是一切义务的真正总和，也是一切心灵安宁的基础。"（Garve 1787, III 292）

2　"PERFICE TE, Ergo perfice te in statu naturali, QUANTUM POTES".（Baumgarten 1751, § 10; 同时参见 Eberhard 1781, 38: "因此我们能够将人的一切自然义务总结为一句话：通过自由的行动来使你自己变得完善，也就是说尽可能地使你是完全自然的和道德的。"

3　参见 Kraft/Schönecker 1999, ix—xi.

对之前所有想要澄清道德最高原则的一切尝试的直接攻击。腓特烈二世被证明是错误的：有一本比《论义务》更好的关于道德的著作。

虽然康德从来没有在《道德形而上学奠基》中提到加尔韦，但是他在《论俗语，这在理论上可能是正确的，但不适用于实践》(1793，以下简称《论俗语》)一书中大量地讨论了加尔韦的道德哲学[1]。然而，我们仍然有很好的理由去相信加尔韦在《道德形而上学奠基》中也以某种更加特殊的方式出现了，尤其是《道德形而上学奠基》第三章的第五节"论实践哲学的最终界限"，其中康德提到了自由和自然必然性之间的复杂关系。在同时提到加尔韦和康德的二手文献中似乎都忽视了，早在1772年加尔韦就已经提出了自由和自然必然性之间的对立，而这与康德在《纯粹理性批判》中提到的第三个二律背反的问题十分接近。《道德形而上学奠基》第三章第五节就是关于康德将第三个二

---

1　康德提到了一封来自舒尔茨的信（参见 AA 4:411fn），其中舒尔茨在许多年前问康德，我们如何解释道德概念很难驱动人们去道德地行动的这一事实。康德在1793年的这篇批判加尔韦的论文中重提这一话题。关于舒尔茨对于康德的影响，参见 Klemme 2011.

律背反及其解决作为理解实践意义上的自由的线索。加尔韦关于这一对立哲学观念能够帮助我们理解康德在 1785 年对于自由和定言命令所做的演绎工作的一些特质。尽管加尔韦对于道德、自由和自然必然性之间关系的讨论是在 1783 年的《哲学评论》上（康德之后参考了这些文本），最引人注目的文本还是在加尔韦对于亚当·弗格森（Adam Ferguson）《道德哲学原理》(1773) 一书的评论中。接下来，我将首先介绍加尔韦的观点及其对于理解康德对于自由概念的演绎工作的重要性，然后我将讨论它与康德的《论俗语》[1]。

## 2. 加尔韦论自由与自然必然性的对立

在康德于《纯粹理性批判》中解决自由和自然必然性的第三个二律背反之前许多年，加尔韦就在他对弗格森的评论中完整地讨论了自由和必然性之间的关系。在现在大量的讨论第三个二律背反的历史和哲学来源的

---

1　以下内容我将使用已经发表的 "Freiheit oder Fatalismus?"（Klemme 2014）一文。

文献中，这一文本完全没有被注意到。在讨论自由和必然性的关系之前，加尔韦首先讨论了伦理学及其与自由的关系。他以这一自白开始："我并不知道我是如何能够自由的，但是我知道我应当如何变得完善。"[1]道德区分预设了自由，这是在当时几乎所有德国哲学家的基本共识，但他们对于这里所说的是何种意义上的自由有着各自不同的看法。无论如何，加尔韦宣称我们并不知道自由是如何可能的，这在当时仍然是相当奇异的，例如，沃尔夫就不会如此地保留意见。对于沃尔夫而言，自由就意味着我们能够根据自己关于善或恶的知识去行动[2]。加尔韦则坦率地承认他并不能提供一种可被理解的关于自由和必然性如何可能相容的理论。在以下内容中加尔韦概括了自由和必然的相容性的基本问题：

"这恰恰就是难点所在。有一种感觉告诉我：我是根据表象来行动的；并且我的德性是我被善的表象驱动去做善事。人类本性并不能认识到除了欲求之外

1　Garve 1772, 198.

2　Wolff 1720, §1.

的其他来源，并且德性的本性也不能允许其他来源。因此，一个善的，也就是说有益的行动，如果它并不是来自有益性的动机，那么这就不再是有德性的。

另一种感觉告诉我，我自己就是我的行动的发起者；而且我只有在我的善行的发起者的意义上才是有德性的。但是我只有在我的行动并不依赖任何外在于我的东西的时候才是一个发起者，因此也就不是依赖于我自己的表象，因为这些表象最终仍然是依赖于外在于我的东西。"[1]

那我们如何在哲学上回应这一问题？加尔韦相信我们能够找到三种不同的解决方案。第一种立场是命定论者（fatalist）所相信的，第二种立场是任意主义者（indifferentist）所相信的，还有一些哲学家则同时确信这两种立场都是真的：

"为了解决这一困难，一些哲学家仅仅接受这一理论的第一种感觉，并且拒绝另一种感觉并视其为幻象；这些是真正的命定论者。另外一些机敏而正直

---

1 Garve 1772, 294.

的哲学家则仅仅认可第二种感觉，并且也不考虑第一种感觉并视其为迷惑性的。这就是坚持任意的自由（freedom of indifference）的哲学家所接受的观点。第三种哲学家同时承认这两种感觉（而且又有谁会想要去否认这些在我们自身中就存在的感觉呢？），并且试图将这两种立场在他们的理论中统一起来。但这是如何可能的呢？如果我们的行动是完全独立的，那么它们就必须独立于我们的表象，因为这些表象最终也是依赖于他物的——如果我们的行动是善的，那么它们就必须是为了某种理由而发生；那么它们就必须依赖于某些在自身之中就包含了这些理由的理念。"[1]

加尔韦承认自己在这个问题上的无助。他并没有这一决断性问题的答案："如何可能将自然必然性和自由的立场结合起来？"这肯定有某种解决方案，因为德性就是现实的。加尔韦并不羞于承认我们对于德性的信念是先于任何一种体系的。如果我们并没有找到一种令人信服的概念体系来说明我们对于德性之实

---

1　Garve 1772, 294—296.

在性的信念，那么，我们就应该放弃这种体系，而不是去怀疑我们对于德性的实在性的信念：

"我们都相信德性的实在。这一信念先于任何一种体系。是它（指这种信念）先引出它们；我们发明它们是为了去证明它；我们争论得如此强烈的原因恰恰就是对于这一事件的热诚。"[1]

问题在于："什么样的理论能够充分地表达我们对于道德现实性之信念，并且使得命定论者沉默不语呢？"加尔韦并没有回答这一问题。当涉及德性和道德性的实在性的时候，他就变得教条主义，并且他分享了所有沃尔夫主义者所确信的——义务和德性就意味着自由。没有自由，德性就将是一种幻象，但自由是现实的，也就是说，由于我们感觉得到它的存在，德性就不能是幻象。拥有一种关于德性的理论会是很美妙的事情，但是如果我们并没有找到它，这也不应当影响我们的道德实践。事实上，加尔韦是对于任何一种"宏大理论"的怀疑论者——作为一个流行的哲

---

1　Garve 1772，296—297.

学家，他不信任所有哲学思辨的雄心。所以，当他宣称自己没有能力解决这一谜题的时候，这并不意味着我们应当针对自己的道德信念进行思辨，与此相反，我们应当针对我们的理性概念进行思辨。而道德性更加是关于感觉的事情而不是关于推理。

## 3. 康德在《道德形而上学奠基》第三章中论自由与必然性

康德是如何在《道德形而上学奠基》里回应加尔韦的问题的？没有自由，就没有定言命令。但是我们如何能够保证定言命令的客观现实性？是否真的像康德的一些读者所认为的那样，康德也在尝试着通过使用理性思辨能力来推论出这一自由理念的客观现实性呢？还是说他提供了一些其他的论证来支持自由？

我们的讨论将以《道德形而上学奠基》第三章第四节开始，在其中康德尝试回答这样一个问题："定言命令是如何可能的？"在他论证的其中的一个要点上，康德说：

"这样，定言命令式就是可能的，之所以如此，是因为自由的理念使我成为一个理知世界的成员；因此，如果我只是理知世界的成员，我的一切行为在任何时候都会符合意志的自律；但既然我同时直观到自己是感官世界的成员，所以这些行为应当符合意志的自律。"(4:454)

义务就是关于我作为一个理知世界的存在者与我作为感官世界的存在者之间的关系。一方面我将我自己视为自由的，另一方面，我知道我是在自然法则之下行动的。那么自由的概念如何能够被理解呢？为什么它对我们而言如此重要呢？为了得到定言命令式的概念，康德需要有一个论证来说明意志的自由到底是如何可能的。不像大多数阐释者对《道德形而上学奠基》第三章所说的那样，我想要从《道德形而上学奠基》的第三章第五节的视角出发来回答这一问题。这么做有以下两个原因：首先，在这一节中康德相对集中地讨论了自由和必然性之间的关系，因此读者能够更好地把握到康德在前一节中所提出的是怎样的论证；其次，第二个原因在于加尔韦。我们可以将他的立场称为怀疑论的无知论，这一立场在第五节中将会出现，同样还有加尔韦在1772年提到的命定论者的立场（他在1783年又再次提到）。

现在我们来看《道德形而上学奠基》的第三章第五节，这里的主线可以被理解为寻找一种针对纯粹理性的理论运用和实践运用之间固有的张力的一种批判的解决方案。因为根据康德的观点，我们理性的特有属性就是在于意志要寻找它们对于具象的、哲学的立场的表达，这一区分导向了两种与我们的理性自然不同的哲学立场：第一种立场是知识论上的怀疑论，也就是加尔韦所持有的观点。就像我们已经看到的那样，加尔韦确信一方面我们是自由行动的主体，而另一方面我们也服从自然的、机械的、决定论的世界法则。但是加尔韦并没有找到一种能够将自由和必然性结合起来的理论。第二种立场就是命定论者的立场。就在康德于1784年9月完成《道德形而上学奠基》之前，他在1783年发表了一篇书评，是关于臭名昭著的命定论者舒尔茨所写的《不分宗教适用于所有人的道德学说的一种尝试指南》，这本书似乎就是康德批判命定论的对象[1]。

根据康德的观点，命定论者宣称能够证明自由概念的不可能性，而且能够说明它是一个幻象。这就是舒尔茨在他的《不分宗教适用于所有人的道德学说的一种尝试指南》中的观点：

"如果这是真的，也就是说，我的所有知觉和表象都是源自我的外在和内在的感官的印象，那么这就得出，我所有知觉、表象、思想和判断，都是服从最严格和不可避免的必然性法则，我的知觉和表象是丰富或贫瘠，我对此都不承担最强意义上的责任……综上所述我没有作出选择的自由力量，没有自由、没有主权，以反对那用无限的必然性来控制我的自然法则。"[2]

很重要的一点是，根据康德的观念，在知识论的怀疑主义和命定论之间有一种狭义的论证上的关联。康德相信"命定论者"是加尔韦关于自由和自然之间相容性的怀疑论立场的受益者："因此，哲学家是要

_____

1　更多的细节参见 Klemme 2015c.

2　Schulz 1773, 49—50.

清除这个表面上的冲突，还是要使它原封不动，这是
由不得他的；因为在后一种情况下，有关的理论就是
无主的财产（bonum vacans），宿命论者能够合理地
进来，把一切道德逐出它们假定的领地，然后名不正
言不顺地占有它。"(4:456)

　　因此，如果想要理解《道德形而上学奠基》中的
演绎工作就必须考虑到，通过对于自由理念和定言命
令式的演绎，康德绝不会将能够给命定论留下空间的
回答视为这一问题的解决。康德会如何回应那些将自
由视为幻象的命定论者呢？原则上来说，康德有两个
可供选择的方式。第一，他可以指出命定论者也承认
道德义务的现实性这一事实。只要谁承认无条件地发
布命令的道德义务，谁就不能否认自由的理念，后者
是这些义务的必要前提。事实上在 1785 年前后的康德
哲学中也确实有指向这一论证的信号，就像在《纯粹
理性批判》中那样，康德提到我们对于道德诫命的意
识已隐含了自由的理念[1]，或者在 1783 年对舒尔茨的

---

1　A546—547/B574—575，并参见 A802/B830.

书评中，以及在 1787 年末出版的《实践理性批判》中提到的理性事实的学说。即使是在《道德形而上学奠基》第三章中，康德也偶尔会指向这一点，比如当他在第四节中提到"普通人类理性的实践运用"(4:454)来作为证实定言命令式之演绎的授权。

第二，康德可以说明我们对于一种自发性和自主活动的直接意识，这是在实践的方面对自由理念的运用的证明。康德确实在《道德形而上学奠基》第三章第三节《论与道德诸理念相联系的兴趣》的核心篇章中使用了这一论证。尽管如此，这一对自由的确信作为隐含在我们对于实践理性的意识中的论证策略有一个特殊的缺陷：相比通过理论哲学提出的自然因果性的客观现实性的证明，这一论证的力量要更弱。理论哲学如果能够提供一种自由理念作为与自然因果性相对立的概念的证明，这一证明必定会以将其视为一个虚幻的概念而告终。而根据康德的观点，在从理性的纯粹实践运用和思辨运用出发的证明的矛盾之间，后者总会是赢家。

如果依据纯粹思辨理性，自由的理念是不可能的，那么其至道德法则也不能提供它的客观的实践意义。

"既然道德法则本身是作为自由这种纯粹理性的因果性的演绎原则被提出来的，由于理论理性曾被迫至少假定一种自由的可能性，那么道德法则的这种信誉就完全足以取代一切先天的辩护来补偿理论理性的一种需要。"(5:48) 如果根本不存在自由的理念，那么道德法则就不能对此提供任何凭据。如果命定论者能够证明自由的不可能性，我们对于道德法则的意识就将是一种幻象。

因此，康德需要提供一种通过纯粹实践理性的对自由理念的演绎，而这并不与思辨理性相矛盾。他的论证策略在于将这一证明的负担转嫁给他的对手。命定论者必须从理论的视角证明自由是不可能的。而由于他并没有这么做，那么就很清楚，为什么在《道德形而上学奠基》里找不到一种对自由理念的理论演绎。如果有这样一种论证，康德就会宣称直接地拒绝了命定论者的立场。但是他并没有作这种宣称。他反对命定论的论证在于第一批判中确立起来的先验观念论的学说。根据先验观念论，在方法论上就已经排除了我们能够在形式上证明理性理念的客观现实性；但是同时被排除出去的还有每种尝试证明自由理念的不可能性的理论论证。

我们已经说明了自由理念的演绎并不是像在研究文献中不断提到的那样[1]，是以理论哲学和它的自由概念开始的。《道德形而上学奠基》中的理论哲学的任务毋宁说是告诉我们要想证明自由在它的实践运用上的不可能性是不可能的。康德在第五节中关于"实践理性的最终界限"的讨论有双重含义。一方面，关于自由理念的演绎并没有先验的地位，我们的自由能够真正地被思考，但是不能被严格地证明。另一方面，实践理性必须不能害怕理论哲学对于自由概念的攻击。相反，理论哲学有责任去保护这一界限。纯粹实践理性"要求""思辨理性结束它在理论问题上卷入的纷争，以便实践理性享有宁静和安全，免受可能向它提出争议的外来攻击"（4:4567）。康德在第五节中对于自由理念的辩护原则上仅限于涉及《纯粹理性批判》

---

1　参看 Henrich 1975.

中提出的第三个二律背反的解决。这或许是它在《道德形而上学奠基》的证明架构中的重要性经常被忽视的其中一个原因[1]，也是这一论证的目的被错误地判断了的原因。

让我们现在更仔细地考察一下第五节。康德开始于这样一个宣称，即所有人类都设想自己"在意志上是自由的"。康德如何知道这一点的？为了证明这一点他提到——我们或许可以称之为——我们的实践判断的事实：

"所有人都设想自己在意志上是自由的。由此（Daher）形成一些尽管不曾发生过，但却应当发生的行为的一切判断。"（4:455）

这一"由此"不应当被理解为是时间上的，而应该是逻辑上的"出于这一理由"。在第三节中，康德讨论了我们关于自由的想法是遵循我们对作为自发性的自由的意识的应当性，他在第五节中则以我们表达应当性的判断作为开始。由于我们表达的是诉求应当

---

1　一个值得注意的例外是 Puls 2011.

性的判断，那么我们就必须要将自己在意志上视为自由的：关于应当的概念隐含了意志自由的概念。尽管自由"仅仅是一个理性的理念，它的客观现实性就自身而言还是存疑的"，它也并非什么都不是。它的现实性是通过我们所判断的实践的视角而得到保证的，我们作为理性存在者被赋予了意志，它是与事实上尚未发生但却应当发生的行动相关的。将我们自己视为自由的，与意识到应当去做不一样的事情（即对于义务的意识），是同一件事的两个方面而已。

如果自由理念的实践现实性是由我们作为理性存在者的自发性的意识所保证的，那么我们如何能够有意义地称其为实践现实性并质疑它呢？就像我们都知道的那样，质疑源自我们的期望。我们期望我们能够解释为什么某物存在或不存在。按照康德的观点，这种解释是宣称某种因果性的陈述。一个事件只有在它的第一原因被指明的时候才能算是被精确地解释了。因此，对于我们而言在这个例子中仅仅经验到什么是不够的，我们同样想要知道某物为什么是这样或者如何能够这样。事实上在自由的理念这一例子中，这种期望只能收获失望。我们能够确定所有人将它们视为在意志上是自由的。我们同样能够确定我们会作出规范性的判断，其有效性是由自由的理念所奠基的。我们能够确定以上这一切。但是我们并不能解释我们的理性为什么或如何能够是实践的，也就是说，"自由是如何可能的"（4:459）。这是因为我们不能直观地看待这一自由。因为自由的理性概念或理念并不是一个经验对象，因此无法阐明为什么它是实践的，自由的客观现实性必须在理论的视角上是存疑的。我们无法知道一种先验的自由是如何可能的。自由的客观现实性必须在我们的认识能力的界限的基础上是存疑的；在我们对自由的意识之上悬着一把命定论的剑。如果一种对于自由理念之不可能性的理论证明成功了，这一把剑就会落在自由的理念上，并且将它揭露为一个无生气的幻象。因此康德必须说明这一把剑只存在于命定论者的盲目的双眼中，我们就必须要让这些命定论者自己看到他们的工作是无望的，以此使他们的攻击打偏。

康德在第五节中的论证策略表明这一论证与当

时其他的演绎文献有着很重要的区别，但是并没有在现在的康德研究文献中得到重视。在直接的、积极的演绎之外，还有一种间接的、消极的演绎，例如"归于不可能论证（deductio ad impossibile）"或"归谬法（deductio ad absurdum）"，根据策德勒（Johann Heinrich Zedler）的说法，这些论证也被称为"间接的或消极的论证（demonstrationes indirectae seu negatiuae）"[1]。如果我们将这一消极演绎和积极演绎的区别运用在奠基的论证中，这就意味着，如果我们是以理性的理论运用的意义上的直接或积极的演绎来看，那么我们就不能得到关于自由的理念的客观现实性。从一种理论的或者思辨的视角看，自由的理念没有显现出任何一种能够被演绎为无条件的道德义务的基础。与此相反，康德试图为这样一种实践宣称辩护，即理性存在者基于其实践的自我意识，因而是他们的行动的发起者。我们并不是在通过实践的视角来论证这一宣称，因为通过理论哲学的理性并不能质疑我们

---

1　Zedler 1731—54, vol. VII, col. 537.

作为行动的存在者的自发性和自主行动的意识。相反，我们只能作出这一宣称：因为在这种意识背后"最精妙的哲学与最普通的人类理性一样，都不可能用论证除去自由"（4:456），就是康德宣称已经证明了的东西：尽管我们不能证明自由的理念的客观现实性，但我们能够确实地说明"自然至少不会与自由的因果互相冲突"（A 558/B 586）。通过一种先验逻辑的视角来看，自由的理念是一个可能的概念。

在这一消极的演绎之外，也还有一个对自由理念的积极的演绎。但是这并不是一个理论的演绎，而仅仅是一个实践的演绎。通过考察，康德对于"宣称"这一词的使用能让这一演绎变得更加清晰。康德仅在《道德形而上学奠基》第三章的一个段落里将其使用在"合法宣称( rightful claim [Rechtsanspruch] )"一词中。这一段落在第五小节：

"但是，甚至普通的人类理性对意志自由的合法宣称，也基于对理性独立于纯然主观的规定原因的意识和得到承认的预设，这些主观的规定原因全都构成了仅仅属于感觉，从而属于感性这个普遍名称之下的

东西。"(4:457)

康德同样把这种宣称理解为对权利的要求（Anmaßung）："人宣称自己有一个意志，这个意志不为任何属于他的欲望和偏好的东西负责。"(4:457)我们只把那些不是外在的，作为我们自然存在的一部分的行动归因于我们自身。根据这一立场，哲学家的工作就在于确认这一由普通人类理性所提出的正当的宣称的概念和哲学的架构以及假设，以陈述这一概念上和哲学上的预设并且保护它不受批判。除此以外，实践哲学不能够达到更多的东西了。具体而言它不能提供一种演绎，通过这种演绎，定言命令式"在其绝对必然性上可以被理解"（4:463），就像康德在《道德形而上学奠基》的结束语中所说的那样。

在这里我们不能忽视，就其内容而言，康德已经在《纯粹理性批判》中使用了这一消极演绎的概念。在《纯粹理性在假说方面的训练》一章中，康德在我们理性概念的思辨和实践应用之间作出了明确的区分：

"如以上所说，理性概念是纯然的理念，当然没有在某一经验之中的对象，但并不因此就表示被创制出来、同时被假定为可能的对象。它们仅仅是或然地设想的，为的是在与它们（作为启迪性的虚构）的关系中建立知性在经验领域里的系统应用的范导性原则。如果脱离这一点，它们就是纯然的思想物，其可能性就不可证明，因而它们也不能通过一种假说被奠定为现实显像的基础。"（A 771/B 799）

这一论述不仅适用于灵魂的理念，同样适用于自由的理念（与 A 773/ B 801比较）。在以下这段明确地指向之后的法规篇的文本中，康德坚定地表示：

"但后面将表明，就实践应用而言理性有一种权力，即假定它在纯然思辨的领域里没有充足的证明根据就没有权限以任何方式预设的东西，因为所有这样的预设都将损害思辨的完善性，而实践的旨趣则根本不考虑这种完善性。因此理性在实践应用中是占有的，它无须证明这种占有的合法性，而且事实上它也不能证明这种合法性。因此，论敌应当作出证明。但是，既然论敌为阐明被怀疑的对象不存在，关于该对象所知与主张该对象的现实性的前者所知一样少，所以在这里就表现出，主张某种东西是实践上必要的预设这一方的优势（melior est conditio possidentis）（占有者的地位更优越）。也就是说，他可以随意地，仿佛是出自正当防卫地为了自己的美好事物而使用论敌攻击这一事物所使用的同样手段，即假说，假说根本不是用来加强对他的事物的证明，而是要标明论敌关于争执的对象所理解的太少，使他不能自夸对我们拥有思辨洞识的优势。因此在纯粹理性的领域里，假说只被允许作为战斗的武器，不是为了在它上面建立一种权利，而是为了维护一种权力。但是，我们在这里任何时候都要在我们自身中寻找论敌。"（A 776—7/B 804—5）

在这里，所谓"占有者的地位更优越"所关涉的是法律中的一条原则，即在争论某物的所有者时，事实上的持有者应当被给予优势。如果我们在自由的理念之下行动，只要它的不可能性没被证明，我们就仍然是正当合法的。因为先验观念论将这个主题归结为要想证明自由的不可能性是不可能的，我们可以确定所有的对于实践理性视角下的自由理念的批判都只能无疾而终。这恰恰也是康德在 1785 年使用了的论证策略。

# 4. 康德在 1793 年论加尔韦

尽管康德完全没有在《道德形而上学奠基》第三章中指名加尔韦，但此人却正是隐藏在第四节和第五节背后的人。在 1793 年的《论俗语》中，康德明确地与加尔韦争论他关于自由和必然性的怀疑论立场[1]。康德同意加尔韦，自由的实在或客观现实性并不能通过理论哲学的手段得到证明（康德所说的"实在"就是指他在《道德形而上学奠基》中所说的自由的"客观现实性"）。在这一点上，加尔韦在 1783 年的《哲学评论》中重复了他在 1772 年针对弗格森的评论里的观点。正如康德所见，加尔韦还是忽视了在自由概念中寻找一个庇护所，通过这个庇护能够"挽救"定言命令"至少还是可能的"，康德在 1793 年的论述就像是对《道德形而上学奠基》第三章第四和第五节的一个迟到的注释：

"加尔韦教授先生（在他关于西塞罗的《论义务》

---

1　更多的细节可以参看 Klemme 1996.

一书的注释中，第69页，1783年版）作出过值得注意的并且与他的机敏相称的告白：'按照他最真挚的信念，自由将是永远无法解决的，永远得不到解释。'绝对不能找到自由的现实性的证明，无论是在直接的经验中还是在间接的经验中；而没有任何证明，人们也就不能假定他。现在，既然自由的证明不能从纯然理论的根据出发（因为这些根据必须在经验中去寻求），因而是从纯然实践的理性命题出发；但也不是从技术性的实践命题出发（因为这些命题又要求有经验根据），因而只是从道德性的实践命题出发。所以人们必然感到奇怪，为什么加尔韦先生不求助于自由概念，以便至少挽救这样一些命令式的可能性。"（8:285fn）

## 5. 结论

康德并没有在《道德形而上学奠基》中宣称已经从一个理论的视角演绎出了自由的理念。就像他在《纯粹理性批判》中，通过思辨哲学来对自由理念所进行的演绎的批判一样，这一批判也只能被设想为一种对他 1785 年立场的自我的批判[1]。道德法则的义务的基础就是纯粹理性自身。它给予我们以自由的法则：

"法则之所以对我们具有效力，并不是因为他引起兴趣（因为这是他律，是实践理性对感性的依赖，也就是说，是实践理性对一种作为根据的情感的依赖，此时的实践理性绝不能在道德上是立法的），而是它之所以引起兴趣，乃是因为它对我们有效，因为它产生自作为理智的我们的意志，从而产生真正的自我。"（4:460—1）

为什么我们作为理智的意志（纯粹意志）使我们产生"真正的"或者"本身的自我"？这是因为我们只能根据它来拥有"我们自己的意志"。根据康德的意思，否定这一论题的代价只能是一种实践的自相矛盾：如果一个人否定了那种我们只有在其上才能拥有自己的意志的条件，那么他就不能将自己设想为他的行动的创始者。

值得注意的是，在《道德形而上学奠基》第三章

---

1　AA 5:47.

的第六节，也就是最后一节中康德提到了"定言命令的实践的、无条件的必然性"的不可设想性，但是同时也强调这一不可设想性并不能取消这一诫命的无条件的约束性。针对自由理念的知识论上的怀疑论只会对定言命令的有效性产生负面影响，如果我们没有理由将自己视为决定自身去根据自由的理念来行动的主体的话。但我们在事实上根据这一理念来行动，康德认为这就是在授权纯粹理性自身使我们成为有意志的主体。认为自己是自由的并不意味着需要拥有对这一自由的理论认知。但是这样的人并不仅仅是表达了任何一种旧的任意性、否定的自由（并且由此是微不足道的），相反，这一想法源于他对于理性的自发性的意识，即感觉到自己是直接地通过意志来作出决定。自由的理念就其是一个自我决定的行动而言就有了意义。这一意义在这个行动的完成中被揭示出来。

就像我们看到的那样，康德并不意在为自由理念和定言命令的可能性提供理论证明，而且，他并没有在对于价值的认识之上为定言命令奠基。定言命令并不是由于我们意识到某种本体界的价值，而是因为我们在实践上有一种特定的方式来对待自己。无条件的义务的基础是纯粹理性作为给意志立法的活动，而意志能决定自身去行动。我们的"真正的自我"就在于这一实践上的自我相关性的形式。

# 第五讲

# "真正的自我"（康德）还是"原初的自我存在"（亨利希）

## ——论康德自我概念的一些特征

# 1. 导论

对于自我意识的现象和概念的研究可以结合不同计划展开：我们期望借此了解自我的结构和属性，或是关涉自身的思想、感觉和意欲的方式，或者是在思维与直观、感觉与认知之间的中介进程和程序。在每一种情况中，自我意识看上去都像是一种特殊的意识，如果没有它，那么无论是自我还是世界中的具体事物和抽象实体都不能被埋解。众所周知，自笛卡尔以来，基于自我意识概念而建构起来的计划都或多或少地令人失望。它们既不能证明意识是认识作为单纯的、单一的、同一的和非物质的灵魂实体的自我的钥匙，也不能说明我们是以何种方式指涉自身的。尤其是最后一个问题，迄今为止有许多哲学家对此展开了富有争议的讨论，尽管存在神经自然主义在这个问题上的还原性的论证策略，那些哲学家也还是坚信古典哲学的思想仍然是与这一主题相关的。

著名的迪特·亨利希（Dieter Henrich）的工作在对这种近—现代的自我意识概念传统的系统性肯定中扮演了重要角色。亨利希的早期著作向我们呈现了康德、费希特和莱茵霍尔德（Karl Leonhard Reinhold）意识理论的引领性的阐释，而他的晚期著作则是强化了自己处理这一问题的系统性动机。由于哲学史研究总是与系统性的预设和期望联系在一起的，而这项研究中预设和期望却是不明确的。因此，如果我们首先（第二节）讨论亨利希的晚期著作将会是很有帮助的。在下一步中（第三节）我想要讨论他在 20 世纪 60 年代提出并发展的康德解释。我将在此基础上进一步重新讨论一些论证，亨利希认为基于这些论证能够说明康德哲学存在"自我意识的反思模型"[1]的循环结构。在这里我

---

1　这一关系来自弗兰克（Manfred Frank）的观点："康德对于先验自我的本性的定义为这一概念带来了一个全新的传统。我想要将其称为'自我意识的反思模型'。它的本质在于，我们被自己所占据的意识要通过表象的模板（表现模型）来解释：作为表象反溯自身的结果，使之成为对象。每一次反思都是在两种不同的词项之间的联系；而它的矛盾当然也就在于，这种不同必须被否定，否则那个（转下页）

需要区分两个不同的问题：第一，是否（像亨利希在他的早期著作中所主张的那样）康德自己本身就支持一种循环理论。或者第二，是否（像亨利希在他的晚期作品中所认定的那样）康德尽管没有自己犯这样的错误，但是我们基于哲学上的理由，认为我们"总是必须预设在知识中有一种自身关系，而且我们不能进一步地去解释这种自身关系"(Henrich 2007a, 2)。在这种情况下就需要解释，康德通过这一"知识中的自身关系"想要表达的是什么。我尝试基于《纯粹理性批判》的第二版说明康德既不是"自我意识的反思模型"的支持者，在他关于自我意识的结构的思考中也没有提到一种本源性的与自身的亲缘性（第四节）。最后我将在有限的篇幅里讨论康德在《道德形而上学奠基》中提到的"真正的自我"[1]概念以及在《纯粹理性批判》第二版中明确表达了的实践的自我规定的设想。这里的问题是，这些概念是否，以及在何种程度上能够满足

───────────────

（接上页）反溯于我所指向的'我'就不再是我自身了，而是其他某种东西。"（Frank 1991, 435, 也可参见 Frank 2015）

1 AA 4:457; 并参见 AA 4:458, 461 以及 B 158.

亨利希的期望，即我们在实践的自我意识中能够获得关于"原初的自我存在"(Henrich 1967, 15) 的认识。

## 2. 亨利希论自我意识和自我存在

如果自我意识意味着对我们自身的直接领会，那么这种关于自我的知识——弗兰克 (Manfred Frank) 将其追溯到萨特 (Jean-Paul Sarte) 的"前反思的自我意识"[1]——是如何能够避免陷入循环论证的呢？答案是：自我意识必须被理解为起源性的，而这种起源并不是被自我意识所创造或建构的。海德格尔关于主体性哲学的思想显然就是基于这样的观点：就像在海德格尔那里的此在（Dasein）是在关照（Sorge）中、存在者（Seiende）是在存在（Sein）中被理解的一样，亨利希希望自我意识（或者主体性）是在一种预设了与自我的相关性的起源中被理解。因此，从理论哲学的视角出发就不可能有一种完备的关于主体性和自我意识和自我存在的理论。

---

1　Frank 2015, 15.

就像海德格尔不考虑科学一样，亨利希也认为自然科学不能够通过合理性概念去解释主体性——因此就只能像解释其他一般的对象一样将其客体化。

亨利希关于"主体性的基础形式不能被任何理论解释或欺骗"（2007，120）的观点与其被理解为主体性哲学的终结，倒不如说是对它的拯救。它的危险一方面在于海德格尔批评现代哲学，作为主体性的哲学却只讨论纯粹技术性—数学性的对真理的理解[1]。真理在这里意味着自我意识的"自我权力"（1982，97）。另一方面的危险在于各种形式的自然主义还原论，它们认为意识要被理解为一种自然的模式。与此相对地，亨利希强调了自我意识的不可还原性。自我存在的基础不是主体性的，它不能够被客体化[2]。尤其

---

1 关于亨利希对于海德格尔的批判，参见 Henrich 1982，95—108 和 Henrich 2015，26ff.。关于海德格尔对其他近现代（意识）哲学的批判也可参见 Klemme 2016a.

2 "自我绝不是来自这种在知识中被意识到的东西，比如通过对认知者自我的反思性回溯。因此人们必须得出结论：在这种知识中存在的主体之前有一种原因，这个原因推动着对自己的认知的发生，并且只要这种认知以及与其相关的一切都继续存在，这一原因也会继续存在和发展。但是主体性的起源也因此就从对对象的讨论中抽（转下页）

是道德意识，我们在道德意识中意识到一种值得我们
去维护保存的自我存在。亨利希认为，海德格尔对于
近现代哲学的批判中将自我保存还原为了自我意识，
并且还有他关于后者的"自我权力"的观点，都忽视
了源于斯多亚主义对于自我保存和自我意识之间的联
系。正因为自我保存不能被还原为自我意识，因此，
亨利希认为我们要把后者当作他所说的"不可被利用
（unverfügbar，指不能被作为客体化的对象，译者注）"
的自我的起源[1]。

从关于不可被利用的自我这一思想出发，能够发
展出一种作为对自己此在存在的诠释，即作为"知性
化 运 动（Verständigungsbewegung）" 的 自 我 意 识 理

---

（接上页）离了出来。因为一切认识方法都预设了对自己的认知，因
为前者深深地扎根于后者之中。如果我们的物理学所要探讨的物质的
定律和过程是仅仅以理性的运用作为条件的，那么在物理学中也就当
然无法解释这种理性运用本身了。"(2007, 119—120)

[1] "但是海德格尔明显忽视了这种情况，即'自我保存'本来在广
义上是近现代思想的关键词，不过是遵循了一种斯多亚式的理解，因
此也就有了总是将自我保存和一种自我意识联系在一起的倾向。但即
便'自我保存'不是基于自我意识的视角被理解，自我保存也不可能
被完全地还原为一种能够产生关于自我知识的自我意识，从而就它的
意识而言是真正自因的。"(1982, 98)

论。主体性的学说与以下这种观点是密不可分的，即我们自我存在所承载的过程是在整个生命中展开的。亨利希认为，只要顺从主体性的展开过程，我们就能够了解对我们而言不可被利用主体性之作为自我存在的伦理学和自由维度。而且这只是因为我们关于自己的存在（unsere eigene Existenz，不过海德格尔是避免使用这个词的）的明确性是不清楚的："到底是什么东西处在并且活在这种明确性之中。"(2007: 26; 并参见 117—124) 自我存在既表示了我们的自我确定性（Selbstgewissheit），同时也表示了我们对于本源性自我的无知。亨利希正是在这种意义上解释康德："也正是在这里又重新与康德达成共识，他将'我思'与一种理性主体的实践的同一性联系在一起，他也因此认为，至少在这种生命实践意义上的联系中，主体必须超越自身并且基于某种理由来理解自身，而这种理由不能是世界之内的任何理性的对象。"[1]

---

[1] 2007a, 3. 关于海德格尔对康德的"我思"概念的阐释参见 Heidegger 1957, 318—323.

## 3. 自我意识的反思理论以及费希特的"原初洞见"

　　我们现在来看亨利希早期的康德阐释。在 1966 年出版的为纪念沃尔夫冈·克拉默（Wolfgang Cramer）的纪念文集中收录了亨利希的一篇名为《费希特的原初洞见》的论文，并在 1967 年单独出版。在这篇论文里亨利希表达了这样一种观点，即费希特"开创了自我意识理论的全新纪元，在这种理论中，自我的结构才是真正的主题"(1967, 12)。费希特是第一个认识到"作为反思的自我理论永远有着围绕自身的循环"(1967, 12)，而这正是亨利希所认为的一种"原初洞见"的观点，因此是失败的。而费希特之所以开创了自我意识理论的全新纪元，是因为从笛卡尔到康德的所有哲学家都遵循了"自我的反思理论"(1967, 12)。

　　为了能够理解亨利希对于自我意识的反思理论的批判，我们首先有必要讨论他认为与这一理论相关的一些观点：自我意识理论意在成为一种对"我"的自我认知理论。而且这一理论声称它通过研究"我"与自身的关系来达到这一目的。"自我反思理论讨论的是一种作为主体的我，这一主体在它与自身的关系中认识自己，并且返回自身。"(1967, 12) 自我认识可以被解释为一种自我认同（Selbstidentifikation）的行动。只有当认识自身的"我"认识到，自己是作为那个被认同了的东西时，这种自我认同才可能成功。

而费希特的"原初洞见"的正确性就在于，他看到了"我"不能像一个客体一样被其他东西所表象[1]。他认为作为主体的"我"不能被设想具有一种能施加于自身的力量。也正是由于这个原因，亨利希认为"主体性的卓越意义是在自我意识中被揭示的"(1967, 14)。这种"主体性的卓越意义"究竟何在？首先我们可以知道这种"主体性的卓越意义"是如何被错过的。如前所述，这种错过是通过我们将自己设想为对象，即预设了任何被设想的东西都已经是某种现有的东西。这一进路的缺陷就在于会错失"原初的自我存在"[2]。

---

1　这当然也就意味着费希特的"命题 A 是 A"，参见 Stolzenberg 1994.

2　1967, 15. 关于海德格尔的自我存在概念参见《存在与时间》（转下页）

亨利希认为，为了把握这种"主体性的卓越意义"就必须采取另一种方式："只有首先通过这种自我存在，自我才能够将自己从与世界的关系中解脱出来，并且明确地将自己把握为某种之前就已经存在的东西：将自己认识为认识的主体。我们必须要从'我'的原初存在出发去理解反思的可能性。反思理论则与之相反，误导性地将'我'解释为反思行为的一种情况。它借助清楚但却是次阶的现象，来解释原初的但却是晦暗的自我的本质。"[1]不过亨利希认为费希特从来没有成功地"把已经近在眼前的东西解释清楚"(1967, 17)。无论如何，费希特试图超越反思结构的这一立场还是清楚的，他不通过反思或是自我关涉活动的中介，而是让"我"来"设定"我自己。

我们可以暂且搁置费希特自我意识理论中与具体内容相关的问题，尤其是正如刚才所提到的那样，

---

（接上页）(*Sein und Zeit*) (1957, §§ 27 und 54) 以及雅思贝尔斯的在 Sitzler 2012 中的说明，尤其是 136ff.

1  1967, 15. 海德格尔曾指责康德，认为他"是基于世界之内现存物的这种不合适的本体论视野，将自我的本体性特征把握为'实存的'"(Heidegger 1957, 320 Anm)。

亨利希也不认为费希特成功地达到了他自己设定的目标，即探索一种关于"原初自我存在"的完备的自我意识理论。或许亨利希想要说：费希特近在眼前的那个东西正是通过亨利希本人而被解释清楚的。无论如何，值得注意的是亨利希在 1966 年至 1967 年只是表达了一种替代康德的反思模型和费希特的设定理论的方案。直到十多年后亨利希才在一篇论文中将雅各比（Friedrich Heinrich Jacobi）和莱茵霍尔德（而不是费希特）称为一种主体理论的先驱，并且他将这种理论称为"对理论化的否定（Theorieverweigerung）"（1989, 134）。而且其中最出名的或许就是康德。"对理论化的否定"是康德哲学的系统性的核心要素。康德认为（亨利希也是同样的观点）我们"不可能在本质上解释我们知识所基于和发源的真正基础，就像在《纯粹理性批判》中所见的那样"[1]。

亨利希在他关于第一批判 B 132 页——也就是在康德提出"我思"是源自先验统觉的地方——的阐释

---

1 Heinrich 1989, 129. 康德有这样一个观点："我们必须要预设知识中具有一种自我关涉性，但不能够进一步地去解释它。"（2007a, 2）

中更近了一步。与他在 1966 年的早期论文不同，亨利希现在认为，康德已经意识到，通过自我理论而表达出的自我意识具有一种"循环结构"(1989, 133)。因此如果我们试图基于"我思"理论去先天地认识作为对象的自我，我们就会陷入一种循环解释。尽管康德本人已经意识到了这一循环，但是亨利希认为康德似乎并不打算宣称，自我意识从根本上来说就只能循环地被设想（参见 1989, 137 ）。因此，康德的自我意识概念并不意味着一种自我意识理论的终结，它更像是一个框架，而这个框架之后会被莱茵霍尔德进一步地深化，并且被雅各比修改。

## 4. 康德论自我意识和自我认知

我们该如何评价亨利希对于康德自我意识理论的两种阐释？尽管亨利希认为就系统性要求的评判以及对于哲学史的意义而言，康德和费希特之间存在着差异，但他还是认为康德是自我意识的反思理论的代表。而这也正是我认为（并且我也坚持之前的观点）有问题的地方[1]。让我们先从一种特定的反思理论的解释开始,即主体在与自身的关系中认识自己。康德最核心的哲学成果并不仅仅在于第一次试图"从自我意识中推导出认识的形式结构",就像亨利希所强调的那样。就自我意识概念而言,康德的杰出贡献在于第一次明确地提出了自我意识和自我认知这两种概念之间的区别和联系。康德十分清楚地意识到,基于他关于先验逻辑和先验感性论的设想,要想避免自我意识的循环概念就只有一种可能性。接下来我将解释我的一些观点,并且讨论以下这个问题:康德是否,或者说在何种意义上放弃了亨利希给予一切自我意识理论的那个要求——为了自我认知而作出贡献。

我先从自我意识和自我认知的概念区别以及《纯粹理性批判》第25节"纯粹知性概念的演绎"开始。康德如何解释"对自己的意识"(KrV B158)?康德延续了他在第16节中的思路,认为"我在一般而言表象的杂多的先验综合中,从而在统觉的综合的、原始的统一中"

---

1  详细的讨论参见 Klemme 1996, 375—403; 也可参见 Wunderlich 2005, 174—189.

意识到的仅仅是我在，而不是我如何存在。对康德而言，自我意识就意味着一种通过与表象的联系而完成的自我确立活动中对自身存在的意识[1]。这种对自身存在的意识并不包含对自我的任何认知，"不是像我向自己显现的那样，也不是像我自身所是的那样"(KrV B157)。要想意识到我自己，我就必须要执行康德称之为思维的那种行动（"思维的行动"，KrV B157）[2]。思维就是按照其逻辑功能将被给予的表象系统地联结起来。因此如果我自己不能被思维，那我也就无法意识到我自己。康德基于系统性的原因否认了，我可能认识"原初的自我存在"。这种想法至少在这一理论层面上对康德而言是完全无意义的。为什么不能有"原初的自我存在"？康

---

1 维特根斯坦在 1916 年的日记中表达了相似的观点："我通过将世界认为是我的世界，从而进入哲学"(1984, 175)[关于康德的表象之属我性（Meinigkeit）概念以及它的主观与客观统一性之间的区别参见 Klemme 1996, 180—214]。不过维特根斯坦与康德不同，他对于"我"这一概念有一种神秘主义的观点："'我'是一种深邃的秘密""'我'不能是对象""我客观地面对任何对象。但是并不能这样面对'我'自身。因此确实存在，而且必须存在一种在哲学而非心理学的意义上去言说自我的方式。"(1984, 175)

2 同时值得注意的还有康德对于人类认知的过程性（Prozesshaften）的强调。参见 Horstmann 1993 und Klemme 1996, 361—374.

德说我在一种思维活动中意识到了存在着的自我的时候，他究竟想表达什么？首先要指出的一点是，康德认为的我在"我思"活动中意识到的不仅仅是我的存在，同时也意识到了这一活动决定了我自身的此在存在[1]。此在存在通过一种思维活动而被决定，这就意味着是在形式上去认识此在存在，也就意味着不存在任何不可被认识的神秘的残余。"我思"的活动包含三个方面：决定者、被决定者以及决定的模式。"我"之中的决定者被康德称为"自发性"。我意识到自己作为一个主体，并且如此判断。而被决定者则是那个在思维中被给予的此在存在。而决定活动所依照的模式则是通过杂多的综合统一概念而被把握的。我并不是像在自我意识的反思理论中那样，通过一种将我与自身发生关系的方式清晰地意识到我自身。更确切的说法是，我是通过将自己与某种其他东西发生关系——即在思维中被给予的表象——的方式意识到自我。我在思维过程中将自己感知为思考着的并且因此是存在着的。如果在思维

---

1　关于这一主题，参见 Klemme 1996, 375—403 以及 Heidemann 2013.

中没有任何东西被给予，我也就不能在统觉的综合统一之下形成任何表象，那么也就不会有任何自我意识了。因此，自我意识就是一种在思维过程中自我显现的现象。我在思维活动中将在时空中被给予的杂多置于统觉的综合统一之下，那么我也就意识到了自己是一个思考着的主体。思维是一种自发性的活动，它只发生于被给予的表象的关系中。只要我意识到我就是一种自发性，那我就意识到我的自我是智性的，不过通过知性概念只能感性地规定和认识这种智性的此在存在。因为在统觉的综合统一中被给予的表象是感性的。

康德演绎部分的第 25 节（参见 KrV B158—159）的核心思想就在于，自我决定模式下的主体并不是为了将自己认知为作为决定者的主体而与自身发生关系。毋宁说它是出于一种决定客体的目的而与自身发生关系的[1]。主体意识到，这种理论的自我决定活动永远受

---

1　关于自我同一性和可信服的经验的自我认知的问题（例如，我是否就是那张照片上的人？我是否就是刚刚马路对面的妇女口中所呼唤的那个人？）与这个层面的理论无关。这些问题属于（用康德的术语来说）经验心理学和人类学。与此相关的当代的讨论也可参见 Rosefeldt 2000.

到客体知识的限制。不同于自我意识的反思模式，作为主体之自我的原初意义并不在于尝试认识一种"原初的自我存在"，而在于对自发性的意识，以及通过运用自发性而使被给予的自身存在，并且将其在一种客体知识的意义上进行扩展。

简而言之，每一种客体知识都是受限于感性条件的主体的决定结果。客体知识（就形式而言）是在自发性和感受性条件之下的客体建构。每一种想要超出这些条件限制的尝试都像飞向太阳的伊卡洛斯一样，是徒劳的。如此看来，康德并非一开始就提出了一种与自我意识的反思理论相对的自我意识概念，他更像是为一切可能的意在客体构成性功能的自我意识概念进行划界。在这种情况下，针对自我认识层面的循环批判就不适用于康德。

在以上的论述中，我简要概括了自我意识和自我认知之间关系的基本结构。但是还遗留了大量的问题未被解决。接下来我将至少初步地回答其中一些问题。

康德认为我在"我思"的活动中意识到了自己的自发性。由于自发性并不是那种我可以自我肯定或否定的品质，因此，我也就不可能基于这种自发性认为自己是某种不同于自己的东西。我在某种程度上不外乎就是这种自发性。当我在进行思维的时候，我就会立即直接地意识到这一点。不过康德避免了这种表达方式。我在《纯粹理性批判》中找不到任何直接的文本证明康德意图表达"我"与这种自发性是同一的。不如说为了更好地被理解，康德区分了两种不同层面或者方面的自我意识：一方面是统觉原始的综合统一性，另一方面是"我思"的表象。那么自我意识的这两个方面之间有什么关系？

在第 16 节一段著名的表述中，康德提到纯粹的或者说原始的统觉"就是通过产生出能够伴随所有其他表象，并在一切意识中都是同一个东西的'我思'表象而不能再被别的表象伴随的自我意识"(KrV B132)。我们能在何种意义上说原始的统觉"产生出"我思的表象？就像之前提到的那样，思维就是在表象间建立联系的活动，因此是对自发性的一种表达。现在康德的论点则是，当一种思维活动被执行的时候，也就是诸表象被置于统觉的综合统一之下的时候，我思的表象就一直会是被给予的。一旦我们执行了"我思"的活动，我们就会一方面意识到统觉的原始的综合统一；而另一方面我们也会意识到，这种活动是对于在时空中被给予的杂多的综合联结。意识到自我，这包括了对于表象之为"我的表象"(KrV B132) 的意识，因为正是我将其带入先验统觉的综合统一之中。康德将我的表象的领域总结为经验性的统觉 ( 参见 B 132)。"我思"不是一种我能够在经验性统觉的意义上合法地称其为我的表象的表象，因为我思是表象之所以能够被称为"我的表象"的条件，由此我们就能明白为什么"我思"不属于经验性的表象了 [1]。所以康德谨慎地写道，我思的表象"是自发性的活动"(B 132)。这些考虑导致了"我思"应该被理解为一种在思维活动中所产生的关于"我的表象"。并且这一表象伴随着我的其他诸表象，不仅仅是因为我在思维活动中将这些表象带入统觉的综合统一性之中。我思的表象必须伴随其他表象也是因为思维自身并不能被设

---

1　因此，像特滕斯（Johann Nikolaus Tetens）那样认为"我思"只具有偶然的真值就是不可接受的："'我思'这一判断和其他所有的直接意识的判断一样，都只具有偶然的真值，但是它对于一种真的判断而言也是必不可少的。"（Tetens 1777, 568）

想，只能被执行。换言之，那种伴随着我诸多想法的思维自身并不能够通过一种更高阶的思维而被伴随。思维的形式（思维的逻辑功能）总是与自身相一致的。

康德正是在这种意义上于第一批判的谬误推理部分写道："'我思'的概念，或者宁可说是判断……是一切一般概念的载体，因而也是先验概念的载体。"(A 341 / B 399) 尽管这一概念"不含有任何经验的东西（感官的印象）"(A 342 / B 399)，但这并不意味着我们只能在思维的前提中设想它。这也不意味着它不能像在自我感觉或感受概念中那样，被一种经验性的表象伴随。谁说出了"我思"，那么他就感受到了他自身。不过，"我毕竟对表达我自己本身的知觉的命题有一种内部经验，从而在此之上建立的理性的灵魂学说永远不是纯粹的，而是部分地根据一个经验性的原则的，人们不要对此有所不满。因为这种内部知觉无非是纯然的统觉：我思；它甚至使一切先验概念成为可能"(A 342—343 / B 400—401)。相应地，康德也会提及一种有别于经验性的客体认知的"一般内在的经验"。康德想表达什么？我在思维的同时将那些在我的感性中被给予的杂多置于先验统觉的统一之下，而在以时间为条件的内感官里被给予的表象的绵流中，我也将自己感受为思考着的主体。这种对我自身的感受并不是对我自己的经验性的认知，因为它并不是为了将我作为内感官的对象进行认识。很明显，"我思"就是在其运用的可能性条件之下的我的自发性的意识。它既是自发性，同时也是由先验统觉而"产生"的。

如果在康德那里有这样一种与自我的亲缘性，那这就表达了一种自己为判断主体的意识。这是一种被表达在统觉概念中的自发性的意识。因为这种自发性体现在判断中，而判断又在于内感官中被给予的表象的联结，所以这种意识也就同样会有这些被给予的表象的特征，也就是说它们都是在内感官中被感觉到的。无怪乎康德在《未来形而上学》导论中提到一种"对存在的感觉"[1]。在《实用人类学》的罗斯托克（Rostocker）手稿中，康德明确且相对详尽地表达了

---

1　"如果统觉的表象，即自我是思维任何东西所凭借的一个概念，那么，它也能够被用作其他事物的谓词，或者自身包含着这样的谓词。现在，它不过是一种存在的感觉，没有丝毫的概念，只是一切思维与之相关的东西的表象。"(AA 4:334 注释）

那种我们能够称之为对于作为思维着的自我的亲缘性的东西。他表明，这种"逻辑上的我"[1]不是认识的对象："在每个判断中的'我'既不直观也不是一个概念，不是任何一种对客体的规定，无非只是作为规定者的主体的一个知性活动，而且对自身的意识和纯粹统觉本身也都属于逻辑学（没有质料和内容）。与此相对地，内感官的'我'，即对自我的感受和观察，并不是作为判断的主体而是客体。那种对于我正在观察自己的意识，就是在一般判断中对主体的一个十分简单的表象，当人们在思维的时候就会知道；但是这种自我观测到的'我'是内感觉诸表象的缩影，因而完全是与心理学相关，并通过心理学来找到在它背后隐藏的东西，而且我们无论如何都不能期待这种研究是彻底的，或是能够充分地回答'人是什么'这个问题。"[2]

---

1　在手稿《形而上学的进展》中，康德写道："逻辑上的我对于自己而言不是一个客体或知识，但是它可以通过心理学的我，即通过范畴作为内感官（经验性的）直观杂多联结的那种本性，而先天地可能。"(Fortschritte 20,338, 引自 Klemme 1996, 401 注释 54) 也可参见 Rosefeldt 2000a。

2　Kant 1977, 428, 引自 Klemme 1996, 401—402.

# 5."真正的自我"或是"自我存在"

通过对于自我意识和自我认知之间的区分，康德试图避免我在前文提到的自我意识的反思模型相关的问题。"我"并不是一个可以被认识的概念。当我将自己视为我的判断的主体，我就能够"知道"——就像康德在前文引用的《实用人类学》的罗斯托克手稿中提到的那样——那些关于我自身的"真正"能知道的东西。但是另一方面如果我将自己视为内感官的对象，那么我对此的认知范围就几乎是不受限的了。这种知识取决于在我的内感官中被给予的，以及我将自己归为一种经验性的主体的内容。在内感官中我遇到的是我所感觉、希望和愿望的一切，也就是我的整个生命故事。因此，亨利希所谓的"原初的自我"现在就显得像是经验心理学和人类学的对象一样了。它的范围是无限的，它的轮廓是不清晰的，它的内容是时时变幻的。作为内感官的对象，"我"之起源对我而言并不是不可知的。至于我在经验层面上的自我同一性也可能是错误的，这属于这种同一性活动的本质。

尽管如此，在将自我作为对象的经验性规定的尝试之外，康德在《纯粹理性批判》第二版的《纯粹理性的谬误推理》一章的结尾处暗示了自我规定和自我认知的概念，这些内容更倾向于亨利希关于自我存在概念的那种解读方向。康德到底有没有在这里考虑一种进程，"在这种进程中，主体展现出一种扩展了的形态，并将自己本身也包括在其中"(Henrich 2007, 24)？让我们先仔细地考察一下康德的阐述。康德写道："但是如果假定，今后不是在经验中，而是在纯粹的理性应用的某些（不是纯然的逻辑规则，而是）先天确定的、涉及我们实存的规律中发现理由，来预先设定我们在自己的存在方面是立法的，并且规定这种实存本身的，那么，由此就会揭示出一种自发性，通过它我们的现实性就是可规定的，为此无须经验性直观的条件；而在这里我们还会察觉到，在对我们的存在的意识中，先天地包含着某种东西，它能够用来在某种与一个理知世界（当然只是被思维的世界）相关的内在能力方面规定我们只是在感性上可以完全地规定的实存。"(B 430—431) 康德在 1787 年的早期写下这一段文字的时候就已经清楚地看到了他在 1787 年的晚期写成的《实践理性批判》中提出的纯粹实践理性的事实以及将逻辑判断功能解释为自由的范畴。对道德法则的意识与对自发性的意识是相关的，就像康德在第一批判中粗略提到的那样，这种自发性又是与法则和自由意志相关的。但是在这里不会发现一种被隐藏的、需要反思才能被认识的"原初的存在"的作用。就像先验演绎中的"我思"概念一样，在实践哲学中的"真正的自我"[1]指向的也是一种活动，即一种我们自由意志的自我规定。在实践的视角下，"真正的自我"完全是通过这种规定活动而被阐明的。与理论的自我

---

1 在《道德形而上学奠基》中康德使用"真正的自我"概念是为了将作为智性的人和作为显像的人区分开来："这些行为的因果性存在于作为理智的他里面，存在于遵照一个理知世界的原则的作用和行为的法则之中。他对于这个理知世界仅仅知道：在他里面，唯有理性，而且是纯粹的、独立于感性的理性在立法；此外，既然他只有作为理智才是真正的自我（与此相反，作为人只是他自己的显像），所以那些法则是直接地和定言地关涉他。"（AA 4:457; 也可参见 AA 4:461）我们在这里可以忽视《道德形而上学奠基》和《实践理性批判》之间可能存在的原则上的差异。对我来说，尽管康德在这里并没有使用这一表达，但是这种差异在这里无论如何都是无关紧要的。关于这个概念对于《道德形而上学奠基》中自由理念或定言命令之演绎的意义可参见 Klemme 2017 和 2018.

认知以及对象认知不同，在这里有一种自我认知的形式，康德将其描述为对于"纯粹自我活动"或"纯粹自发性"(AA 4:452)的意识。在对这种自发性的意识中，人类将自己作为智性的存在者而与一切经验性的对象（因此也包括被视为经验性地被决定的对象的自我）[1]区分开来。因此，这种对于自己在道德法则之下的自由的意识也就不像亨利希的自我存在概念那样，指向它在生命中的发展。它从一开始就存在于有能力运用自由的人之中。在对我们自身和对他人的道德义务的意识之外，没有关于自我存在的任何解释学残余。亨利希完全可以赞同海德格尔关于自我保存和自我意识之间的区别。在实践的视角下对自我的意识预设了某种关于自我的意识，而它并不属于某种意识程序的产物。但是对于康德来说，这种区别只能通过以下方式

---

1 "现在，人确实发现自己有一种能力，他凭借这种能力而把自己与其他一切事物区别开来，甚至就他被对象所刺激而言与他自己区别开来，而这就是理性。理性作为纯粹的自动型，甚至在如下这一点上还居于知性之上：尽管知性也是自动性，并且不像感官那样仅仅包含唯有当人们被事物刺激（因而是承受的）时才产生的表象，但他从自己的活动出发所能产生的概念，无非是把感性表象置于规则之下，并由此把它们在一个意识中统一起来的概念。"(AA 4:452)

得到解释，即我将我自己视为自由法则的约束之下的意欲着的主体，并由此将自己与所有理性的、有能力运用自由的主体联系起来。我与我自身的这种实践的关系并不应该通过自我意识的概念，而应该是通过预设了自由意志的实践的自我规定和自我立法而得到解释。对自我的掌控和保存，对于康德而言，意味着在经验的世界中将自己展现为有能力运用自由的存在者。

康德以不同的表达方式解释了我们与自身的实践关系：例如，敬重、自尊、对自身的掌控。而在 1772 年至 1773 年冬季学期的人类学讲座中，康德选择的是有斯多亚主义色彩的自我占有这个概念："自我占有 (animus sui compos)，斯多亚的神比伊壁鸠鲁那始终快乐的心灵要高贵，因为如果一个人是他自己的主人，那他也就是自己幸福与不幸的主宰者。"[1] 毫不夸张地

---

1 AA 25:68—69. 在人类学－柯林斯笔记（1772/73）中，这一思想是与"对自由的任意的掌控"一同被提到的："世界最大的幸福就在于，通过自由任意的力量随意地控制我们的所有能力。因为我遭遇到的最大的恶就是我只能从我的表象中抽离开来，而如果我同时还有能力根据我的心愿去放逐或呼唤某些表象，这时的我无论面对什么都是强大且不可战胜的。没有人愿意放弃那种对灵魂最高级的掌控，也就是对于自由的任意的掌控"（AA 25:29—30）。我们必须在康德关于人类各种能力的学说之下去理解他的自我占有概念（参见 Klemme 2014）。

说，康德认为失去这种自我占有就是我们生活的最大的危险（summum malum）。如果没有关于一种可以智性地规定的存在概念，这种观点就没有意义。这也是一个完全不会有循环论证迹象的观点。

康德的"真正的自我"和亨利希的"原初的自我存在"之间最大的相同点或许就在于它们都拒绝了一种建构性或构成性的实践的自我概念。我们并不是主动地让自己成为实践的主体，而是我们不可避免地要从实践的视角出发来将自己理解为人，在这一点上我们是没有选择权的。康德和亨利希之间的不同或许在于，康德通过自由和法则的概念使得我们的"真正的自我"能够以一种可被描述的方式得到解释，而这种解释方式并不关心那种基于人们将知性运用于自身之上的对自我存在的诠释[1]。亨利希关于"伦理意识的

---

[1] 尤其极端的是，康德在 18 世纪 70 年代的人类学讲座中有这样一种观点，即对于人类而言唯一有意义的就应当是他在道德上的自我规定："成为一个人其实并不重要，重要的是他能够遵守自己诺言的那种正派。舒适的生活、延年益寿，这些都是助长我们妄念和虚荣的东西，我们不能因为其他人都追求这些东西而由此得出它们的重要性。对于生命之易逝的关照能让我们更好地得到心灵的安宁和满意（Gemüthsruhe und Zufriedenheit）。严格地遵守道德对我们的规定，使得我们免受良心的谴责，这就是达到满意的有效（转下页）

展开"（Henrich 2007a, 124）的概念以及对于"在伦理意识中去获得对自身的更深层的理解"（Henrich 2007a, 127）的愿望，在康德那里是不存在的。在康德的"真正的自我"和亨利希的"原初的自我存在"之间还隔着克尔凯郭尔（Søron Aabye Kierkegaard）、海德格尔、雅斯贝尔斯（Karl Theodor Jaspors）和伽达默尔 (Hans-Georg Gadamer)。

进一步仔细考察这两个概念系统性上的关联会是在哲学上十分具有吸引力的工作。一方面"真正的自我"这个概念使我们得以从关于个人的自我规定问题中解放出来，因为这种规定超出了对于我们存在的唯一的基于自由功能的解读。另一方面，自我存在的概念则是指向了我们生命的另一种维度上的意义，它完全地展现了我们是有限的存在者。根据康德的提示，自我

---

（接上页）方式。如果世界并没有按照我们的意愿那样去运转，我们该怎么面对？这些事情绝不应该夺走我们的满意……我如此纵情享乐直到生命的尽头对我能有什么帮助？对人类而言真正重要的有且只有道德品格而已。这才是他应该保存得完美无瑕的，这能够为他带来真正的满足和快乐，而且使他不会有失尊严地去欲求未来的更好的东西。"（AA 25:169—170, 也可参见 AA 25:370—371）进一步的讨论参见 Klemme 2007a.

存在必须要在一种人类学的框架下去讨论，而作为一种实用人类学，它预设了道德法则和道德约束性的概念。如果我们基于自身自由能力的视角将自己视为意欲着的主体，而我们对于这种自由的实现又具有不可避免的兴趣，那么我们也就不能剥夺其他人的自由。具有自由能力的主体能够实现其自由的条件，就是我们这个社会性的世界的普遍纽带。但是在这里并没有说明我们如何具体地解释和安排这种条件。这就留下了个人生活安排之可能性的自由空间。我们可以基于这种空间的视角将"我"这一概念如此解释，仿佛在其中展开了一种"原初的自我存在"似的。

# 第六讲

## 法的概念：康德及其继承者

# 1. 法权和法的有效性及现实性

时至今日，哲学界关于法权和法的有效性概念的诸多争议，仍然保留了一百多年前新康德主义语境的争论烙印。这场争论的核心是，法的特殊内容是否能够具有一种超实证的有效性，或者说在一个实证法律体系中，各种法律规范的有效性是否能够与其现实性相吻合。当艾米尔·拉斯克（Emil Lask）将他所说的"一种法哲学的康德主义模式典范"[1]安在鲁道夫·斯塔姆勒（Rudolph Stammier）头上时，斯塔姆勒提出了一个著名的、备受争议的公式："内容变化的自然法（Naturrecht mit wechselndem Inhalt）。"[2]斯塔姆勒借

---

1　Lask Emil 2002.

2　Stammler 1906, 174.

助这一说法进而试图避开（古典）自然法和历史主义这"两大障碍"，而拉斯克则认为，这"两大障碍"是法哲学必须守护的。古典自然法宣称具体的法律规范可以从一个最高的价值或者原则推导而来，而历史主义却使得法律规范的绝对有效性概念消失在相对主义之中。斯塔姆勒的中心思想是，一方面虽然要坚持自然法天然具有现实性规范力之直觉；但另一方面，也要把规范有效性概念同自然法的一个形式概念联系起来。他建议，价值与实在（reality）之间的断裂要通过一种程序（process，Verfahren）来克服，通过这个程序使法律规范在每一个给定的经验条件下建立起来。

这些法律规范是作为具体的法律体系的一部分要求，它是具有社会的现实有效性且同时具有成为正当性的法之要求而出现的。斯塔姆勒下面的话表达了他的这种想法："老法学家们一旦根据一种特定的法去感觉绝对的意义，那么他们就是做了不当之事，而假如他们力求使一种自然法带有可置换的内容（mitwechselndem Inhalte），那么他们的做法就是有根据的。"此内容包含了这样的法理："经验条件下的关系包含一种理论上正确的法律（theoretically correct law）。"[1] 对于一条法律条文要具有理论上的正确性要求来讲，它就需要提供证明："批判地检验和区分，哪些法律条文在给定的经验关系中是符合社会生活的、普遍有效的终极目的的……"[2] 具体的法律规范的"客观的正确性"要求[3]，正如斯塔姆勒所述，当然前提是要有一个标准，借此与不正当的法区分开来。在法本身，在法所服务的目的中，斯塔姆勒找到了这个标准：法的目的是一种社会性的目的，它存在于对一个"具有自由意志的人类共同体"的创造中[4]。这个目的在斯塔姆勒看来，它的规范现实性似乎是不成问题的，它将通过运用一种形式的方法来达到：这涉及正当性的法的理念，可以在社会理想之形式中来定义它，它不涉及一种有内容的法律条文，而只涉及

---

1 Stammler 1906, 174.

2 Stammler 1906, 174.

3 Stammler 1906, 174.

4 Lask, 2002.

一种形式上的方法。这将能够阐明最高的统一性，这是每一个对正当性的法之有根据的判断的必然条件。因此，一个具体的规范将由此并且据此而必须被经验性的法律材料修正[1]。

虽然附加了"内容变化的自然法"这个说法，但斯塔姆勒绝非因此就确信，在特定的社会条件下，任何随意的内容都符合绝对有效的法的理念。尽管每种法的内容都必须保存在程序中，但有些内容，最终证明了它的自身原则同自然法的概念并不符合。我们从形式的方法转向社会的现实性上来看，我们认为，特定的社会实践同法对"客观的正确性"的要求在原则上是不可统一的。斯塔姆勒以同类相食为例来说明这一点："同类相食是恶的和不正义的，这是一种客观判断，……完全不用考虑加勒比地区的人是否有将之实现的可能性。"[2]形式化的法权方法会导向一种法权认识，因而不能建构起"客观正确性"的概念。在

---

1　Lask, 2002.

2　Stammler 1906, 378.

这一点上，我们不需要关心赫尔曼·科恩（Herman Cohen）与斯塔姆勒之间著名的争论。1904 年开始，科恩在他的《纯粹意志的伦理学》（*Ethik des reinen Willens*）中指责斯塔姆勒在他的《正当之法的学说》中抛弃了康德先行提出的对法权的"伦理奠基"（sittliche Grundlegung）的说法。对我们的主题而言，更重要的是，汉斯·凯尔森（Hans Kelsen）在第一次世界大战前后对新康德主义法哲学争论所作出的回应。

凯尔森在他 1934 年第一次出版的《纯粹法权论》（顺便说一下，纯粹法权论[1]的说法来自斯塔姆勒）中同自然法的二元论，即关于客观法与主观法，基于伦理的正义与法律实证主义的二元论决裂了。他确信，根本不存在客观的价值，也根本没有所谓的客观的法之目的，它们能强制或排除特定的法权内容。每一种起作用的法律体系都是一种法治国的体系，诚然，它与哪些内容在此体系中已被提高到一种规范地位完全不相干。"任何内容，"凯尔森写道，"都能成为法律，

---

1　Stammler 1911, 53; Stammler 1906, 155—156; Müller 1994, 140.

没有哪种人类行为，作为行为本身，鉴于其内容而被排除在成为一项法律规范的内容之外。"[1] 在法律体系中，哪种内容能够获得法律规范的地位，是由基本的规范所规定的，后者的有效性可以追溯到它是历史上第一个宪法制度的意志决定。因此很显然，在自然法和实证法之间实际上没有断裂，因为所有的法都是实证法。只要所欲求的规范秩序与现实相符，就可以宣称它具有有效性[2]。如果凯尔森关于实证法在内容上具有开放性的论点说中了点子，那么斯塔姆勒关于同类相食违反自然法或理性法的论点不言而喻就是错误的。按照凯尔森的观点，很少存在一种法律内容是有根本价值或唯一的绝对价值，同样，我们也能够说有一种基本权利或基本人权，是每一种宪法必须加以保护的，这种宪法是带有合法性要求出现的。

凯尔森的论题：法律规范只有作为实证法才能宣称它具有有效性，几十年后被尤尔根·哈贝马斯（Jürgen

---

1　Kelsen 2002, 74.

2　Kelsen 2002, 80.

Habermas）采纳。与凯尔森一样，哈贝马斯在他 1992 年出版的《在事实与规范之间》书中也确信，一切试图以自然法理论来为法奠基的努力都失败了。但是与凯尔森相对立，哈贝马斯思考的出发点是，法具有一种规定的功能，这种功能使得我们可以判断一种法律体系本身是否具有一种法治国的特征。简单地说，这种功能就存在于我们的理性之公开运用的制度化中。在法中，对话理论所阐释的道德与法的原则自身相互限制[1]。不是每一种内容都能变成法律规范。只有那些承受住对话原则的测试，因而能够由所关涉到的所有法律规范批准，才能带有法的合法性要求而出现。法律形式应用到对话原则而产生了民主原则，此原则在民主方面运用在"一般主观的行动自由之法权"[2]上，它意味着宪法的基本权利（Grundrechte）的起源。基本权利就是法律意义上的人的法权，每一种人的法权都只有作为宪法基本权利才有效。没有哪种法律体系

---

1　Habermas 1992, 136.

2　Habermas 1992, 136, 155.

能够不具有作为整体是公正的要求而出现，只要它没有排除作为民主原则意义上的政治参与的意义。诚然，哈贝马斯同时也认为，只有在对实证法的规范被普遍遵守的条件下，才可指望公民（a citizen）遵守法律规范。如果法律规范没有社会实在性，那么也就不涉及义务。假如一个人在自然状态下，譬如洛克所说的生命权、自由权和财产权遭受了损害，那么他可以做不正当的事，这种想法被哈贝马斯当成自然法的"废话"（nonsense，Unsinn）而拒斥。

尽管哈贝马斯倾向于作为民主理论家的卢梭并且反对回到洛克和康德的自由主义的法权模式，哈贝马斯仍将自己理解为——甚至比斯塔姆勒更甚——康德义务论实践哲学的继承者。除了对规范的残余物与形而上学的"混杂"之外，按他的理解，在康德著作中，概念和理念在经过了对话理论的革新之后，在理性公共应用的理智市场上之所以有着良好的前景，是由于它们出于理性。由于哈贝马斯与此相关的观点被视为充分有效的，我在这里对它不作阐述。

我感兴趣的是康德1797年《法权论》中关于法权

有效性观念的讨论，可以毫不夸张地说，斯塔姆勒和凯尔森也好，哈贝马斯也好，都没有尊重康德的这个观念。斯塔姆勒和凯尔森似乎都只是将康德的法哲学理解为其绝对命令学说的"附属物"（Wurmfortsatz），凯尔森则正是采纳黑格尔对康德的实践的规范性概念的说法来完成其论证的，说绝对命令是一个空无内容的原则。哈贝马斯虽对康德法律和政治哲学的理解和兴趣在许多方面大有不同，但是对康德法权概念的特殊规范性，哈贝马斯似乎也没有将其纳入眼帘。如果我们快速浏览一下哈贝马斯在 2010 年出版的文章中，对人的尊严与人的法权之间的关系的讨论，这一点就很明显了。哈贝马斯在上述文章中的结论是，对康德而言，"人的法权从对于人的尊严之普遍和个别的理解中汲取道德内容，后者以实证法的语言阐明出来"。在将人的尊严概念纳入法权学说的基础上，哈贝马斯指责康德错失了"人的法权之法律性格的关键点"。按照哈贝马斯，这个关键点在于这样一个事实，即人的法权"保护人的尊严，并将其自尊和社会承认的内涵建立在一种时空中的地位上——确切地说，即一种民主公民的身份"[1]。

基于下面两个理由，这一指责是无效的：第一，《法权论》的主题，正是基于为那些肉身实存可能会受到伤害的个人提供合法状态下的制度化保障。第二，康德的尊严概念与法律的规范化是分开的。法保护人的外部自由，但它们至少不能直接保护人的尊严，因为它们就概念而言是缺乏后者的。尊严要求尊重，但法只要求外部履行法律。超出这点之外，康德的尊严概念本身在《道德形而上学奠基》中，没有绝对命令概念的约束力。尊严本身有一个基础，即人的"真正的自身（proper self, eigentliche Selbst）"（AA 4：457），在它的理性本性中[2]。

因此，我们似乎应该再次澄清康德权利学说的系统核心，并在其中寻找即使在今天也可能具有哲学意义的论证。

---

1　Habermas 2010, 352.

2　Klemme 2017.

## 2. 康德的法权论：法权、法和义务

对康德而言有效性的理念是什么？首先应该指出的是，康德确实没有谈论法权的有效性，而是谈论约束力。法权是约束力的根据，约束力通过法权义务（a duty of right）概念得到表达。指出这一点不能说是无关紧要的。有效性概念在新康德主义那里描述了一种以价值为基础的要求。也许并非巧合，凯尔森对新康德主义有效性概念的批判被认为是一种对洞悉了客观价值的可能性的批判。与之相反，一种法权义务被描述为一种出自法权本身的约束力。据此，自然而然地就出现了这个问题：法权是从何处获得约束我们的权力（Macht）的？有哪些法权和法权义务？哪些实证法权的内容符合这些法权和法权义务？哪些不符合？康德在法权论中是如何回答这些问题的？

在《法权论》中我们走进了一个试图从概念来作规定的世界（Kosmos），康德期望这种概念性规定，能将理性的自我规定的规范性维度归结到概念。康德的哲学是"出自概念的理性认识"（rational

cognition from concepts）（KrV A713/B 714），而法
权论的核心概念是自我关涉的法权概念。法权概念确
定了法权是什么。它是"诸种条件的总体，在这些条
件下，一个人的任性能够同另一个人的任性按照自
由的一个普遍法则而被统一在一起"（AA 6:230），
法权原则是遵从以自由为中心的法权概念而来的。
借助于这个原则可以确定，哪些行动满足于法权概
念："每种行动都是正当的（right），只要它或者
按照它们的准则，根据一个普遍法则，每一个人的
任性之自由能够与任何人的自由共存。"（AA 6:230）
普遍的法权法则最终把法权原则与约束力概念联系
起来。它表达出了我们的义务，是要按照法权原则
来行动："如此在外界行动，使你的任性的自由运用
能够与每一个人的自由按照一个普遍法则而共存。"
（AA 6：231）法权法则是以最高的具体的实证法律
规范来建立的标准。

康德表达出了合法的约束力：对于自由的并且
遵守道德法的主体来说，他们外界行动的法权单一性
（Rechtsförmigkeit）在规范性上失去了另外选择的可

能性 [1]。谁意识到了自己是作为一个自由行动的主体，就必须使用这个手段，这是唯一的使这种自由得以可能的途径。这个手段也就具有强制性的法则。若没有对所有意志的一种合乎法的规定，就没有人能够自由运用他们的意志。如洛克已经注意到的，法则的目的不是取消而是保障自由，这对康德而言是同样的，但这种自由只有在对他们的自由进行普遍的和平等的限制的代价下才能实现。这就是听从我决定、赞成还是反对这个法则，康德通过我们意志的自我相关性结构来描述它。这个结构说明了法权和法权义务的意义。因为理性立的法则使我在运用我的任性时有义务只按照这种法则来行动，通过这些法则而使普遍的自由得以保存，理性作为立法者而登场。理性自身命令我去履行义务；它对我的任性提出了一项要求。但命令和要求不是别的，无非都是作为法。康德把此理性法称作"我们自身人格中的人性法"（AA 6:236），理性有这种法权，这是一种规范的事实。只要我们去思考

1　与康德相反，费希特认为我们允许去运用或者不运用一种法权。参照 Fichte 1971, 13.

我们想要如何运用我们的任性自由，我们就将意识到这个事实。

由于法权提出了一种要求，这是我们作为理性存在者对我们自身提出的，符合这种法权就是一种义务。康德称这种义务是一种法权义务。一种法权义务表达的是一种自我相关的规范性关系。康德以乌尔比安（Domitius Ulpianns）为模板区分出了三种法权义务。第一种法权义务 [honestevive（做一个正派的人）] 在于，"在同他人的关系中主张他的价值作为一个人的价值，他的义务是通过这个命题来表达：'不要使你仅仅成为他人的手段，而是成为他们的目的'"[1]（AA 6：236）。因而，一个人的人格权、第一种法权行动不在于（如汉娜·阿伦特所认为的）对他人法权的承认，对康德而言毋宁更在于，把自己本身作为法权主体而呈现在他人的任性自由面前。做一个正派的人（honeste vive）意味着成为一个有权利的人（be arightful human being）［也不仅仅如格雷戈尔

---

[1] AA 6: 236. 关于乌尔比安模型参照 Klemme 2001, 180—188; Mohr 2011, 33—36; Brandt 2012, 311—359.

（Mary Gregor）所翻译的：成为一个可敬的人〕，意味着，尽你所能去保持你作为目的本身的道德地位。虽然"成为一个正派的人"是一种内在的义务，但却是一种真正的义务。我确实有义务成为一个正直的人，并且在司法层面，我将被迫通过公共法来履行这一义务。只有在第二步中，康德才解释了要遵守从人格权利而来的约束，即我们之所以没有权利使其他人格遭受不当之事，是因为他们同样也是具有理性的自我规定能力的主体 [neminemlaede( 不要伤害任何人 )]。这两种法权义务的顺序是有寓意的：只有当我保存自己作为法权主体时，我才能履行我不去伤害作为法权主体的其他人格的义务。第三项法权义务在一个特定的经验条件下得到阐明：如果我事实上无法避免与他人发生关联，那么我因此负有与他人一道进入"一个社会"的义务，"在其中每个人都能够得到他所应得的 [suumcuiquetribue( 各得其应得 )]"。康德确信，我们人类事实上处在这些法权义务之下：因为地球是圆的，其范围有限，与他人交往是不可避免的。由于这种交往是不可避免的，就必须兑现每个人格之所以能够保存和保障其权利的社会条件。

鉴于这些思考，我们就能够说明理性与自由任性之关系的第一个方面：与人格权相对应，在我们中有三种不同的法权义务，都以保存这种权利为目标。我们也可以这样说：它们的功能在于，表达我们作为在时空世界中的人格。我们都有义务，把我们和他人保存为主体，他们能够决定自身的行动。这些义务现在过渡到第二方面：因为我有义务去保存在我的和每一个其他人格中的人格权，我也就有权在普遍的自由法则限度内运用我的任性。这是这样的一种法权，我是相对于其他人而拥有它，其他人也是相对于我而拥有它。因为这涉及的是原始的而不是获得的法权，康德称它为"生而具有的法权"。他用下面的话来描述法权的特征："自由（不束缚对另一个人必不可少的任性），只要它能够与其他人的自由按照一种普遍法则共存，这就是唯一的、原始的、凭借每个人自身的人格而存在的权利。"(AA 6:237；AA 8:293) 因为只存在一种外部的任性自由，也就只能存在一种与生俱来的权利（这是内在的我的和你的东西）。这种法权包括一系列的权利和品质，例如，第一是"生而具有的平等"；第二，只为我们自己实施的行为追究责任；而第三，其他人"分享他的思想，给他人讲述或者许诺什么"（AA 6:237—238）。

为了能够理解生而具有的法权的义务理论的特征，我想强调以下三点。第一，"藉由其人格"，生而具有的法权被赋予"每一个人"。因而，自由的法权描述了一种特定的含义，在其中，人的法权能够得到讨论。这不是（如对于法权义务那样）我与我自身之间的关系，而是我与他人在时空之内的关系。生而具有的自由法权一开始就具有一种公共的特征。换言之，我们的人格法权，同时也是我们的法权义务和生而具有的法权的基础。生而具有的法权是我们从具体的活生生的人的角度去看待人格法权的方式。因为人格法权，而不是自由法权，是我们的法权义务的基础，我们应该按照刚刚描述的方式来区别它们 [1]。第二，我们应该还记得，按照康德的观点，我们也能够以外在的"我的"和"你的"的形式来获得法权。外在的"我的"和"你

---

1　参见 Ripstein 2009, 17—19, 37.

的"的可能性是正当地获得的，因为对外在的"我的"
和"你的"的否定，意味着对我的意志自由的一种无
法接受的限制。当我们强加给另一个人放弃某些东西
的义务时，一项法权就获得了。如果我获得了一项法权，
那么我就限制了另外一个人的外部自由。这种限制理
所当然是可能的，因为它符合普遍法。但是在对其他
人的外部自由的限制中，我并没有限制他们的内在自
由（如他们在获得法权时没有限制我的内在自由一样）。
毋宁说，我的内在自由权是通过公共法被赋予的。如
果出现了我的内在自由被限制的情况，人格法权也就受
限制了，因此理性的权威也受限了。第三，生而具有的
自由在康德那里有双重含义：它既是一种自由的法权，
也是一种去自由的法权（it is a right of freedom, and it is
a right to freedom）。一方面，自由是这种法权的规范性
来源或基础；另一方面，自由被理解为要在公共法权的
政治制度中确立和实现的规范秩序的对象或目标[1]。

---

1　康德认为，紧邻内在你我，我们也能通过理性认出外在你我的材
质。通过我们的理性，我们认识到对获取财产和订立契约的一般性禁
令是正当地禁止。在《道德形而上学奠基》的导论中，他通过区分自
然法和实证法表明了这一点。如果这些法律的约束力即使没（转下页）

通过这些考察我们有理由说，生而具有的自由的法权和去自由的法权（the innateright of and to freedom）在康德的法权论中具有一种枢纽的功能（hinge function）：它调节着一方是我（和每一个人）的人格法权，另一方是外在立法的理论和实践。自由法权规定了，所有通过公共法（通过实证法的制度）对我的外在自由的限制，都需要正当性说明——当然是在普遍法的界限之内。这种正当性说明有两个方面，第一，通过这一法权确定了，那些声称具有获得法权的人必须提供证据 [ 给出证据 (onusprobandi)]。第二，我可能由于自身的行为而丧失我的自由法权，例如违法。但是在这种情况下，申诉人也有举证责任。在法的界限内，我们具有规定我们自身外在行为的原初权利。任何人怀疑或者是宣称我做了不正当的事，都必须提供证据。

---

（接上页）有外在的立法者，仅凭先天纯粹理性也能被认识，那么它就是"自然法"。法，"另一方面，若无现实的、外在的立法者（并且若无后者就不能成为法）就无约束力，就会被称为实证法"。康德将自然法领域命名为私人法权，而将实证法（成文法）领域称为公共法权。康德对公共法权的定义有意是抽象的，明白这一点非常重要。基于一些经验的、偶然的情况（血统、语言、宗教、经济状况等等）确实是这个而不是另一个"人群"形成一个国家，一个正当的条件的创造与统一的目的完全无关。

现在让我们看一下法权论的第42节和私人法权的结尾部分。按照康德的观点，私人法权是一种社会法权，明白这一点非常重要。它假设了他人的存在。但是这就产生了一种致命的缺陷：即它并不保障人的法权。这只有在公共法权的条件下才是可能的。进入公共状态是出于纯粹理性自身的义务。从乌尔比安的第二和第三个公式来看就很明显。根据第二个公式，我有"不伤害任何人 [not wronganyone (neminemlaede)]"的义务。如果我无法逃避社会，那么根据第三个公式我就有"与他人一道进入社会，并且在其中能够维护每个人的自有之物"的义务。因为我们不能避免与他人交往，因此，我们事实上有正当的义务去将社会置于一种可施行的法律统治之下。与这种自我关涉的义务相应的一种法权，在于迫使每一个人——这些人仅仅基于其实存，就能威胁争夺我的法权——与我一道进入文明状态[1]。康德在第42节中称之为"公共法权

---

1 鲁滨逊不仅仅有义务和星期五一起进入文明状态，他还有权威迫使星期五进入这种他会反对的状态。并且适用于鲁滨逊的东西也适用于星期五。

的假设……你应当从自然状态走出并与其他人一起进入一种正当的状态，即一种具有分配正义的状态"（AA 6：307）。

在第 42 节，康德对私人法权与公共法权的关系的注释尤其值得注意。他论证道，那些认为自身是处于"外在的无法的（lawless）自由状态"中的人，没有义务"不去做侵害他人之所有物的事"，并且"如果他们相互之间攻击，他们也根本没有互行不法，因为适用于一个人的，也交互性地适用于另一个人，就像是达成了协议似的"（AA 6：307）。尽管他们不能对另一方做不正当的事，"但是根本上，他们愿意生活并维持在一个状态中，这个状态不是法权状态，在这种法权状态中任何人都无法面对暴行来确保他之所有，这却是在最高程度上行不法"(AA 6:307—8)。我对别人做不正当的事，与我做不正当的事是因为我不认为自己处于一种文明状态中，康德区分了二者，这在法哲学史上还没有先例。这样的区分在概念上是可能的，在这种区分中，一方面，基于我们之中的人格法权，我们必须要去保存我们的外部自由。另一方面，关于外在法权，我们依赖于一种媒介，而只有在它在文明状态中真正有效的条件下才能期望和要求遵守这一媒介。在法权的自然状态下，我不可能有什么东西是"合乎法权地"，出于这个理由我也不能责怪任何人。我的（不是无条件的自我负责）"指责"更多的是在于：发现自己在这种情况下无法施行权利。（说我在一个法律上无法无天的自由状态中，不可以伤害他人，当然并不意味着我不能违背我的道德义务。）现在应该清楚的是，如果没有基于我们人格权的超个人的恶，就没有理由承担建国的义务。换言之，从每个人的人格权出发，我们有义务一道进入一个全球性的法权状态。只有当一个国家的公民（宪法/公法）之间的关系、人民与外国的关系（世界法）以及国家与其他国家之间的关系（国际法）得到有效和正当的决定时，我们的法权才能在地球圆形形态的经验条件下被赋予。

在康德的法权论中，他发展了一种介于两方面之间关系的概念，一方面是基于理性的法权、法和义务概念；另一方面是实证法，它们接受了与市民国家的自由主义和共和主义范式的相关的诸要素。与自由主义人权理论家所宣称的相反，根据康德的观点，在自然状态中我们不能对他人做不正当的事。但是因为我们事实上做了不正当的事，我们就有义务进入一种全球文明状态。如果我们保持原状，那么，一旦我们违反法，我们就对他人做了不正当的事，显然，我们是很容易就这样做的，由于康德墨守成规地理解了正义概念的：什么是正义，即法官根据实证法宣布为正当的东西。康德似乎确信，与我们在私人法权中所找到的相比，实证法没有什么新的法律头衔。但是这当然并不意味着实证法要符合私人法的标准。如果这一论点与凯尔森的论点——即我们意志的每一个单一内容都能够转化为一个法律规范——有重合的地方，那么这一论点似乎是在宣称：不管一种合法的实证规范是否与市民社会的理念相符合，或是否与共和主义的政府形式相一致，公民都必须遵守它。在康德的法权论中反抗权是缺失的。因为任何一种实证法的实存都比无法无天的自然状态要好，只要保证每个人都拥有以言语或行为去反抗法的法权，那么它就与一种反抗权的概念是矛盾的。

# 3. 对生而具有的自由权的系统性评价

伴随着康德的观点，即没有反抗国家权威的法权，我们进入了本讲的第三部分。如果我们从哲学的角度来考察康德的法权论，我们必须，第一，试图更深层次地去理解康德的生而具有的自由法权的理念意味着什么；第二，明白生而具有的自由法权不是一种纸上谈兵、事实上不起作用的东西，也不是那种与正当的反抗禁令的理念相反、总是遭人诟病的东西。康德的立场在哲学上似乎是不令人满意的，因为他确乎没有考虑到以下事实，即实证法在许多极端情况下也可能意味着对其自身的瓦解。公共法制度的建立是以维护和规定人们的自由为前提的。但康德没有考虑到的是，对我们外部自由的合法限制，并不能使一种强制性法律体系——其目的在于司法和道德主体性自身的毁灭——合法化。如果实证法的目标是消灭人们的自由，那么任何生活在这种法之下的人都没有理由守法。康德似乎是把人的法权基础从属于主权法权概念之下，却无法表明对人的法权——我现在必须在一个野蛮统治者的基础上维持这一人的法权——的侵犯如何以一种法权得到补偿，对这种法权的享受——如果有的话——只能属于子孙后代。对法权的侵犯可能可以在一种（species）伦理的层面上得到补偿，但不是在个人（individuals）层面。无论如何，康德确实没有明确定义过任何界限，跨过这个界限即意味着对主权的正当性功能的反转，也没有构想出这样的要求。

尽管康德在法权论中确实没有明确定义这样的界限，但还是有一个。在我从法律和伦理的角度来讨论这个界限之前，我们不得不更进一步地转向生而具有的自由法权。因为如果没有生而具有的自由法权，对这个界限的探求无疑也是多余的。

1）自由权

在开始时我们看到，许多作者认为，康德不得不回到绝对价值或尊严概念，以便为生而具有的自由法权奠基。但事实上，人的尊严概念在公共法的领域只是起到次要作用。在理解法权义务和生而具有的自由法权时，这个概念没有特定的含义。法权的基础是法权自身。但这难道不是一种同义反复吗？按照康德理论的条件，当然不是。生而具有的自由法权并不建立在一种具有抽象特征的不祥财产之上，相反，它以我们的能力为基础，使我们能够以理性来规定自己的行动，以应用我们的外部行动能力，而这种能力基于其普遍性是正当的。我们不能从本体论上理解这种法权，即将之看作一种价值概念，而应该把它理解为一种功能性概念，这一概念对运用它的人既是可理解的又是具有约束力的。自由权通过适用于那些使用它的人而为自己奠基[1]。

因此，正因为我们在自己的行动中经验了我们的自由，所以，在作为一种理性理念的自由理念，与作为一种我们经验的外部自由之间，并不存在对立[2]。

---

1　或者如康德在 1790 年的第三批判中所说："但十分值得注意的是，在事实之中甚至有一种理性的理念，即自由的理念，它作为一种特殊的因果性（这种因果性的概念在理论上来看将会是越界的），其实在性可以通过纯粹理性的实践法则，并按照这些法则在现实的行动中，因而在经验中得到阐明。"（AA 5:468）

2　当然还有许多其他有趣的段落暗示这样的含义。记得康德在《道德形而上学奠基》（AA 4：448）中说道：如果你按照自由理念行动，你就是自由的；理性存在者只能按照自由理念行动，我们的意志只能是自由的预设之下，或者，在第二批判中：我们因为意识到道德法而知道我们是自由的。

任何根据自由理念规定自己的人，都要求对限制自由给出正当性证明。例如，正当性证明可以以事实的形式给出。这样一来，与法律直接相关的不仅仅是我们在时间中实存的有限的空间资源，而且还有我们的宗教、文化和历史经验。因此，康德在其历史哲学著作中提请人们注意这样一个事实，即我们对自由和政治自决的渴望具有一段附随的史前史（a contingent pre-history）。对一个政治共同体——在其中公民给自己立法——的渴望，不能通过理性的权威强制施行，而要经由一段历史过程来发展完成，经由这一过程我们将政治自治看作对一种下流、粗野和短暂的生命的替代品。正因为自由能够被滥用，所以我们发展出对其法律实例化的一种渴望。康德在他的《具有世界性目的的普遍历史的理念》一文中通过以下方式表达出了这样的想法：理性不是一种终会应验的"本能"，"为了从一种观点一点点地进展到下一种观点"，它要求"检验、实践和教导"。因此，康德在他的历史哲学著作中，在具体的实存之人的层面上，弱化了道德和理性法之有效性的绝对普遍主义：人的法权确实是普遍有效的，但是如果没有相应的"检验、实践和教导"，我们就不能期望它们能够为每个人所认知并认同。

2）自由权和对反抗的合法禁止

考虑到法权、法和义务的概念系统性，康德将自己置于了一个危险的境地：一方面，在我这里有一种如同原初自由法权一样的原初人格法权。另一方面，我只有在排除了所有反抗它的实证法律秩序的界限内，才能找到我的法权。一种生而具有的自由法权的概念，如何可能与康德的合乎法律的、对反抗的禁止相协调呢？在我看来，有两种可能性，在此简短地提出。

可能性一：实证法包含了一种强制权。因此，康德必须表明，国家有权强迫人们守法，即使这些人有自由权。一种国家权力的界限是如何从强制权的正当性中推导出来的？记住：对康德来说，强制会成为一个问题，是因为人的自由从根本上是处在道德法之下的。并且强制权能够合法化是因为人从根本上是处于道德法之下的。由于纯粹实践理性要求自由在其外部运用中的保存和实现，因此，事实证明强制是实现这一目的的唯一手段。正因为自由作为目的的实现是一种无条件的要求，才会有一种正当性的强制，迫使我的行为守法。我守法的约束力基于人的法权，因为我有义务（duty）依法而行。合法规定的强制是克服外部自由之障碍的唯一手段，正如康德在伦理学领域所相信的那样，出于对道德法的尊重，我有道德义务去克服善良意志之行动的障碍。

这些关于强力（force）和法权（right）之间关系的想法，对我们关于实证法之界限的问题，在哪些方面是重要的呢？答案是：这些想法显示了，强制权不包括普遍地否定人的外部行动自由的权威。每个人都必须有一间为其自由而设的"游戏室"。强制法以保护而非否定自由为目标。如果一种法律秩序的目标是对这种自由的完全的、绝对的否定，那么我们在谈论的是一种既无自由又无法的权威。它看起来像是一种法律秩序，但事实上是野蛮的。在这种状态下反抗权是无效的，因为根本不存在一种合法的法律秩序。简言之，尽管有些人持有这样的印象，即按照康德的观点，任何内容都可以上升为一种合法的实证规范，但事实并非如此。我们可以设想合法的实证立法的行动，但其效果是对这种法律秩序本身的废除。在这种情况下，如果这个国家通过自己的法律内容消灭了自身，那我们就不再有法律义务将自己设想为这个国家的公民。

可能性二：就内容而言，第二种可能与第一种密切相关。但它不是从司法术语内部专门制定的论证来展开的。毋宁说，它涉及的是伦理和法之间的关系。众所周知，康德认为只有一种绝对命令并且所有法权义务都是德性义务（但不是所有德性义务都是法权义务）："法权论和德性论相互有别，不是因其不同的义务，而是立法的差异，是立法使得一个动机或者另一个动机与法则联系起来。"（AA 6：220）从康德的论点来看，"内在的立法"如何使法权义务变成"间接伦理"（AA 6：221）义务？康德在论宗教的文本中，有一个值得注意的评注，在其中他指出我们不仅在道德上没有服从"直接与伦理法相反"的国家法的义务，而且也不应该遵守这种法。完整的引文是这样的："'顺从上帝，不顺从人，是应当的'，这个命题仅仅意味着，如果人们要求某种自身恶（直接违背道德法则）的东西，那么，就不可以，也不应该顺从他们。"（AA 6：

99，注释）这个注释尤其值得注意，因为它清楚地表明，在康德那里，尽管我们没有正式的抵抗权，但在伦理道德上，我们也不能遵守与道德相悖的法。在论宗教的文本中，康德并没有与法权论相悖。毋宁说，所有著作的论证是在不同层次上进行的：尽管没有反抗权，但是有一种伦理义务使得我们不去遵守与道德相悖的法。因此，是伦理标识出了合法的实证立法的界限（在德国法中，"划界—界限"Schranken-Schranke）。

因此，在本讲结束的时候，好消息是：古典自然法和历史主义的障碍可以通过一个属（of）自由和一个去（to）自由的法权概念而避免，人们能够利用它们，因为他们期望一个对自由之限制的正当性证明，此限制有一个界限。这个界限以一个普遍和平等，因而合法的自由之规定概念的实存为特征。就其内容而言，它在理性的公共使用的过程中被确定下来。诚然，我们没有合乎法律的实证抵抗权，但如果法律制度具有颠覆实践理性权威的倾向，我们就有伦理义务去反抗那样的法。换言之，法权概念是根据自由、法和义务来定义的。自由只有在其使用受到法的限制和强制执行的条件下，才有其实存。但是，如果法的目标是自由的毁灭，那么我们守法的义务就消失了。在这种情况下，我们有义务去寻找一个司法状态，这一状态既符合我们之中人性法权的标准，也符合生而具有的去自由和为（for）自由的法权。

# 参考文献

Albrecht, Michael 1994."Überlegungen zu einer Entwicklungsgeschichte der Ethik Mendelssohns, " in: *Moses Mendelssohn und die Kreise seiner Wirksamkeit* Hrsg. von MichaelAlbrecht, Eva J. Engel und Norbert Hinske,Tübingen:Max Niemeyer Verlag, 43—60.

Arendt, Hannah 2018. *Freundschaft in finsteren Zeiten. Gedanken zu Lessing* Hrsg. von eingeleitet von Matthias Bormuth, Berlin, 80—81.

Altmann, Alexander 1969. *Moses Mendelssohns Frühschriften zur Metaphysik*, Tübingen: Mohr Siebeck.

Bacin, Stefano 2015. "Kant's lectures on ethics and Baumgarten's moral philosophy," in: *Kant's Lectures on Ethics*, Lara Denis and Oliver Sensen (eds.). Cambridge: Cambridge University Press, 15—33.

Baumgarten, Alexander Gottlieb 1751. *Ethicaphilosophica*, Hemmerde.

Crusius, Christian August 1744. *Anweisung vernünftig zu leben, Darinnen nach Erklärung der Natur des menschlichen Willens die natürlichen Pflichten und allgemeinen Klugheitslehren im richtigen Zusammenhange vorgetragen werden.* Leipzig (= Crusius, Die philosophischen Hauptwerke, ed. Giorgio Tonelli, vol. I, Hildesheim: Olms, 1969), thirdedition 1767.

—— 1745. *Entwurf der nothwendigen Vernunft-Wahrheiten, wiefern sie den zufälligen entgegen gesetzet werden.* Leipzig: Gleditsch (repr. in Crusius, *Die philosophischen Hauptwerke*, vol. II).

Eberhard, Johann August 1776. *Allgemeine Theorie des Denkens und Empfindens.* Berlin: Voß (repr. Frankfurt/Main: Athenäum, 1972).

—— 1747.Weg zur *Gewißheit und Zuverläßigkeit der menschlichen Erkenntniß*, Leipzig.

—— 1781. *Sittenlehre der Vernunft. Zum Gebrauche seiner Vorlesungen.* Berlin: Nicolai (repr. Frankfurt/Main:

Athenäum, 1971).

—— 1788. *Neue Vermischte Schriften*. Halle.

Brandt, Reinhard 2012. "Seieinrechtlicher Mensch (honeste vive)- wie das?," in: Mario Brandhorst/Andree Hahmann/Bernd Ludwig (Hg.), Sind wirBürgerzweierWelten? Freiheit und moralischeVerantwortungimtranszendentalenIdealismus, Hamburg: Felix Meiner.

Engfer, Hans-Jürgen 1982. *Philosophie als Analyse. Studien zur Entwicklung philosophischer Analysekonzeptionen unter dem Einfluß mathematischer Methodenmodelle im 17. und frühen 18. Jahrhundert*, Stuttgart-Bad Cannstatt.

—— 1983. "Zur Bedeutung Wolffs für die Methodendiskussion der deutschen Aufklärungsphilosophie. Analytische und synthetische Methode bei Wolff und beim vorkritischen Kant," in: *Christian Wolff 1679—1754. Interpretationen zu seiner Philosophie und deren Wirkung*, hrsg. von Werner Schneiders, Hamburg, 48—65.

Fichte Johann Gottlieb 1971. Grundlage des NaturrechtsnachPrincipien der Wissenschaftslehre (1796) (= FichtesWerke, hg. von I. H. Fichte, Band III), Berlin.

Frank, Manfred 1991. "Fragmente einer Geschichte der Selbstbewußtseins-Theorie von Kant bis Sartre," in: Ders. (Hrsg.), *Selbstbewußtseinstheorien von Fichte bis Sartre*, Frankfurt am Main: Suhrkamp, 413—599.

—— 2015. *Präreflexives Selbstbewusstsein. Vier Vorlesungen*, Stuttgart: Reclam.

Friedrich II, King of Prussia 1780. *Ueber die deutsche Litteratur, die Mängel die man ihr vorwerfen kann, die Ursachen derselben und die Mittel sie zu verbessern*, Christian Konrad Wilhelm von Dohm trans(Berlin: Decker).

Garve, Christian 1772. "Anmerkungen des Uebersetzers," in: Adam Ferguson, *Grundsätze der Moralphilosophie. Uebersetzt und mit einigen Anmerkungen versehen von Christian Garve* (Leipzig: Dyck, 1772) (repr. in *ReceptionoftheScottishEnlight enment in Germany: Six SignificantTranslations, 1775—1782*, Heiner F. Klemme ed., Bristol: Thoemmes, 2000).

—— 1787. *Philosophische Anmerkungen und Abhandlungen zu Cicero's Büchern von den Pflichten* [1783]. Neue verbesserte und mit einigen Anmerkungen vermehrte Ausgabe (2nd edn.), 3 vols. (Breslau: Korn) (= Garve,

*Gesammelte Werke*, III/X/2, ed. Kurt Wölfel, Hildesheim, Zürich, New York: Olms, 1986).

Gottsched, J. C.1734. *Erste Gründe der gesammten Weitweisheit, Praktischer Theil. Darinn die allgemeine Sittenlehre, das Recht der Natur, die Tugend- und Staatslehre enthalten ist.* Nach der siebenten Auflage. (1. Auflage 1734, 2. Auflage 1736), Leipzig 1777 (Nachdruck: Wolff, Gesammelte Werke, Abt. 3, Band 20, Hildesheim u.a. 1983).

Habermas, Jürgen 1992. *Faktizität und Geltung. BeiträgezurDiskurstheorie des Rechts und des demokratischen Rechtsstaats*, Frankfurt am Main.

Habermas, Jürgen 2010. "Das Konzept der Menschenwürde und die realistischeUtopie der Menschenrechte," in: *Deutsche ZeitschriftfürPhilosophie* 58.

Heidegger, Martin 1957. Sein und Zeit, 8. Auflage, Tübingen: Niemeyer.

Heidemann, Dietmar H. 2013. "'Daß ich bin'. Zu Kants Begriff des reinen Existenzbewusstseins," in: *Kant und die Philosophie in weltbürgerlicher Absicht. Akten des XI. Internationalen Kant-Kongresses*, Band 2, hrsg. von Stefano

Bacin u.a., Berlin / Boston: de Gruyter, 153—164.

Henrich, Dieter 1963. "Über *Kants früheste* Ethik," in: *Kant-Studien* 54, 404—431.

—— 1967. "Fichtes ursprüngliche Einsicht "(Separatdruck). Zuerst erschienen in: Ders. und Hans Wagner (Hrsg.), *Subjektivität und Metaphysik. Festschrift für Wolfgang Cramer*, Frankfurt am Main: Klostermann, 188—232.

—— 1975. "Die Deduktion Des Sittengesetzes," in: *Denken Im Schatten Des Nihilismus*, edited by Alexander Schwan, Darmstadt: Wissenschaftliche Buchgesellschaft 55—112.

—— 1982. *Selbstverhältnisse. Gedanken und Auslegungen zu den Grundlagen der klassischen deutschen Philosophie*, Stuttgart: Reclam.

——1989. "Die Anfänge der Theorie des Subjekts," in: Axel Honneth u.a. (Hrsg.), *Zwischenbetrachtungen. Im Prozeß der Aufklärung, Jürgen Habermas zum 60. Geburtstag*, Frankfurt am Main: Suhrkamp, 106—170.

—— 2007. *Denken und Selbstsein. Vorlesungen über Subjektivität*, Frankfurt am Main: Suhrkamp.

—— 2007a. "Selbstsein und Bewusstsein," *e-Journal*

*Philosophie der Psychologie*, Juni 2007, 1 – 19.

—— 2015. *"Sterbliche Danken,"* Dieter Henrich im Gespräch mit Alexandru Bulucz, Frankfurt am Main: Edition Faust.

Home, Henry, Lord Kames 2005. *Essays on the Principles of Morality and Natural Religion [1751]*, ed. with an Introduction by Mary Catherine Moran. Indianapolis: Liberty Fund.

—— 1768. *Versuch über die ersten Gründe der Sittlichkeit und der natürlichen Religion in zween Theilen*, transl. Christian Günter Rautenberg. Braunschweig: Meyer.

Horstmann, Rolf-Peter 1993. "Kants Paralogismen," *Kant-Studien*, 83, 408—425.

Hutcheson, Francis 1760. *Abhandlung über die Natur und Beherrschung der Leidenschaften und Neigungen und über das moralische Gefühl insonderheit*, Leipzig.

Hüning, Dieter 2015. "Gesetz und Verbindlichkeit. Zur Begründung der praktischen Philosophie bei Samuel Pufendorf und Christian Wolff," in: *Das Band der Gesellschaft. Verbindlichkeitsdiskurse im 18. Jahrhundert*. Simon Bunke,

Katerina Mihaylova, and Daniela Ringkamp (eds.). Tübingen: Mohr Siebeck, 37—57.

Langlois, Luc 2013. "Wolff and the Beginnings of Kant's Moral Philosophy. The Forgotten Heritage," in: *Kant und die Philosophie in weltbürgerlicher Absicht. Akten des XI. Internationalen Kant-Kongresses*. Band 3. Hrsg. von Stefano Bacin u.a., Berlin / Boston, 355—369.

Kant, Immanuel 1977. *Schriften zur Anthropologie, Geschichtsphilosophie, Politik und Pädagogik* (= Werkausgabe, Band XII), hrsg. von Wilhelm Weischedel, Frankfurt am Main: Suhrkamp.

—— 1999. "Über die Heilung des Körpers, sowie sie Sache der Philosophen ist," in: Reinhard Brandt, "Immanuel Kant: Über die Heilung des Körpers, sowie sie Sache der Philosophen ist.' Und: Woran starb Moses Mendelssohn?" in: *Kant-Studien* 90.

Kelsen, Hans 2002. ReineRechtslehre. Studienausgabe der 1. Auflage 1934, hg. von Matthias Jestaedt, Tübingen.

Klemme, Heiner F. 1994. "Immanuel Kant und seine Schule," in: ders. (Hrsg.), *Die Schule Immanuel Kants*,

Hamburg: Meiner.

—— 1996. "La pratique de la moralité. Le lien entre théorie et pratique dans la philosophiepratiquekantienne," in: Revue germaniqueinternationale, 6 (= Kant: philosophie de l'histoire, ed. Norbert Waszek) , 139—157.

—— 1996a. *Kants Philosophie des Subjekts. Systematische und entwicklungsgeschichtliche Untersuchungen zum Verhältnis von Selbstbewußtsein und Selbsterkenntnis*, Hamburg: Meiner.

——2001. "Das ‚angeborneRecht der Freiheit'. Zuminneren Mein und Dein in KantsRechtslehre," in: Kant und die Berliner Aufklärung. Akten des IX. Internationalen Kant-Kongresses, hg. von Volker Gerhardt, Rolf-Peter Horstmann und Ralph Schumacher, Band 4, Berlin, New York.

—— 2007. "Werde vollkommen! Christian Wolffs Vollkommenheitsethik in systematischer Perspektive," in: *Christian Wolff und die Europäische Aufklärung. Akten des 1. Internationalen Christian-Wolff-Kongresses.* Hrsg. von Jürgen Stolzenberg und Oliver-Pierre Rudolph, Hildesheim/ Zürich/New York 2007, 163—180.

—— 2007a, "Kant und die Paradoxien der Kritischen Philosophie," *Kant-Studien*, 98, 40—56.

—— 2008, "Was nützt der Philosophie ihre Geschichte? Eine pragmatische Antwort," in: *Denkspuren. Festschrift für Heinrich Hüni*, hrsg. von Oliver Cosmos und Frauke Kurbacher, Würzburg 2008, S. 157—165.

——2011. "Johann Georg Sulzers 'vermischte Sittenlehre'. Ein Beitrag zur Vorgeschichte und Problemstellung von Kants Grundlegung zur Metaphysik der Sitten," in: *Johann Georg Sulzer (1720—1779). Aufklärer zwischen Christian Wolff und David Hume*. Frank Grunert and Gideon Stiening (eds.). Berlin: de Gruyter, 309—322.

—— 2012. "Spontaneität und Selbsterkenntnis. Kant über die ursprüngliche Einheit von Natur und Freiheit im Aktus des , Ich denke'(1785—1787)," in: Mario Brandhorst u.a. (Hrsg.), *Sind wir Bürger zweier Welten? Freiheit und moralische Verantwortung im transzendentalen Idealismus*, Hamburg: Meiner, 195—222.

—— 2013. "Kants Erörterung der, libertasindifferentiae in der Metaphysik der Sitten und ihre philosophische Bedeutung,"

in: *Internationales Jahrbuch des Deutschen Idealismus /
International Yearbook of German Idealism*, 9/2011. Fred
Rush and Jürgen Stolzenberg (eds.), Berlin and Boston: Walter
de Gruyter, 22—50.

—— 2014, "Erkennen, Fühlen, Begehren – Selbstbesitz.
Reflexionen über die Verbindung der Vermögen in Kants
Lehre vom Kategorischen Imperativ," in: Inga Römer (Hrsg.),
*Affektivität und Ethik bei Kant und in der Phänomenologie*,
Berlin / Boston, 79—99.

—— 2014a. "Freiheit oder Fatalismus? Kants
positive und negative Deduktion der Idee der Freiheit in
der Grundlegung (und seine Kritik an Christian Garves
Antithetik von Freiheit und Notwendigkeit)," in: Heiko Puls
(ed.), *Deduktion oder Faktum? Kants Rechtfertigung des
Sittengesetzes im dritten Abschnitt der "Grundlegung*," Berlin
and Boston, 61—103.

—— 2015. "Freiheit, Recht und Selbsterhaltung.
Zur philosophischen Bedeutung von Kants Begriff der
Verbindlichkeit," in: *Normativität des Lebens – Normativität
der Vernunft?*.Markus Rothhaar and Martin Hähnel (eds.).

Berlin, Boston: Walter de Gruyter, 95—116.

—— 2015a. "Knowing, Feeling, Desiring – Self-Possession. Reflections on the Connection between the Faculties in Kant's Doctrine of the Categorical Imperative," in: *Kant's Lectures / KantsVorlesungen*. Bernd Dörflinger, Claudio La Rocca, Robert Louden, and UbirajaraRancan de Azevedo-Marques. Berlin and Boston: Walter de Gruyter, 143—161.

—— 2015b. "als ob er frei wäre. Kants Rezension von Johann Heinrich Schulz Versuch einer Anleitung zur Sittenlehre für alle Menschen," in Claudia Jáuregui et al. (eds.), *Crítica y Metafísica. Homenaje a Mario Caimi*, *Hildesheim*, Zürich and New York, 2015, 200—211.

—— 2016. "Sutor, Johann Paul junior (1752—82)," in: *The Bloomsbury Dictionary of Eighteenth Century German Philosophers*, Heiner F. Klemme and Manfred Kuehn (eds.). London, New York: Bloomsbury, 767—768.

—— 2016a, "Unmündigkeit als Programm. Ein Versuch über Heidegger und seine Kritik der Moderne," *Merkur. Deutsche Zeitschrift für europäisches Denken*, 70, Heft 800,

5—23.

—— 2017.Kants *"Grundlegung zur Metaphysik der Sitten" Ein systematischer Kommentar*, Stuttgart: Reclam.

—— 2017a. "The antithetic between freedom and natural necessity. Garve's problem and Kant's solution," in: *Kant and his German Contemporaries*, Corey Dyck and Falk Wunderlich (eds.), Cambridge: Cambridge University Press.

—— 2018. "How is moral obligation possible? Kant's 'principle of autonomy' in context," in: *The Emergence of Autonomy in Kant's Moral Philosophy*. Hrsg. von Stefano Bacin und Oliver Sensen. Cambridge.

Klemme, Heiner F./Kuehn, Manfred 2010. *The Bloomsbury Dictionary of Eighteenth-Century German Philosophers*, hrsg. von H. F. Klemme und Manfred Kuehn, London, Cambridge University Press.

Koriako, Darius1999.*Kants Philosophie der Mathematik. Grundlagen – Voraussetzungen – Probleme*, Hamburg.

Kraft, Bernd/Schönecker, Dieter 1999. "Einleitung," in: Immanuel Kant, *Grundlegung zur Metaphysik der Sitten*, eds. Bernd Kraft and Dieter Schönecker, Hamburg.

Lask, Emil 2002. "Rechtsphilosophie," (1905) in: ders., Werke. Band I., Jena.

Leibniz, Gottfried Wilhelm 1860. *Briefwechsel zwischen Leibniz und Christian Wolff*, Carl Immanuel Gerhardt (ed.). Halle: Schmidt (repr. Hildesheim: Olms 1971).

Meier, Georg Friedrich 1764. *Allgemeine practische Weltweisheit*. Halle: Hemmerde (repr. Chr. Wolff, Gesammelte Werke, part. III., vol. 107, Hildesheim: Olms, 2006).

Mendelssohn, Moses 2008. *Gesammelten Schriften*. Jubiläumsausgabe. In Gemeinschaft mit Fritz Bamberger […] begonnen von IsmarElbogen […]. Band 2, Berlin 1931 (Nachdruck: Stuttgart-Bad Cannstatt 1972)Metaphysische Schriften. Mit einer Einleitung und Anmerkungen hrsg. von Wolfgang Vogt. Hamburg 2008.

Mohr, Georg 2011, "Person, Recht und Menschenrechtbei Kant," in: Eckart Klein/ChristophMenke (Hg.): Der Mensch als Person und Rechtsperson, Berlin.

Müller, Claudius 1994. Die Rechtsphilosophie des MarburgerNeukantianismus, Tübingen.

Prunea-Bretonnet, Tinca 2015, "La méthodephiloso-phiqueen question: L'Académie de Berlin et le concours pour l'année 1763," in: Philosophique 42 (1), 107—130.

Pufendorf, Samuel von 2003. *The Whole Duty of Man According to the Law of Nature [1673]* Translated by Andrew Tooke (1691), edited with an Introduction by Ian Hunter and David Saunders. Indianapolis: Liberty Fund.

Puls, Heiko 2011, "Freiheit als Unabhängigkeit von bloß subjektiv bestimmenden Ursachen – Kants Auflösung des Zirkelverdachts im dritten Abschnitt der 'Grundlegung zur Metaphysik der Sitten'," in: *Zeitschrift für philosophische Forschung* 65, 534—652.

Rosefeldt, Tobias 2000. "Sich setzen, oder Was ist eigentlich das Besondere an Selbstbewußtsein? John Perry hilft, eine Debatte zwischen Henrich und Tugendhat zu klären," *Zeitschrift für philosophische Forschung*, 54, 425—444.

—— 2000a, *Das logische Ich. Kant über den Gehalt des Begriffes von sich selbst*, Berlin: Philo.

Schmucker, Josef 1961. *Die Ursprünge der Ethik Kants in*

*seinen vorkritischen Schriften und Reflektionen*. Meisenheim: Hain.

Schwaiger, Clemens 2001. "Vollkommenheit als Moralprinzip bei Wolff, Baumgarten und Kant," in: *Vernunftkritik und Aufklärung. Studien zur Philosophie Kants und seines Jahrhunderts*,Hrsg. von Michael Oberhausen. StuttgartBad Cannstatt, 317—328.

—— 2009. "The Theorie of Obligation in Wolff, Baumgarten, and the Early Kant," in: *Kant's Moral and Legal Philosophy*. Hrsg. von Karl Ameriks und Otfried Höffe, Cambridge, 58—73.

—— 2011. *Alexander Gottlieb Baumgarten – Ein intellektuelles Porträt. Studien zur Metaphysik und Ethik von Kants Literatur*, Stuttgart-Bad Cannstatt: FrommannHolzboog.

—— 2005. "Christian Wolffs Philosophia practica universalis. Zu ursprünglichem Gehalt und späterer Gestalt einer neuen Grundlagendisziplin," in: *Macht und Bescheidenheit der Vernunft. Beiträge zur Philosophie Christian Wolffs*. Hrsg. von Luigi Cataldi Madonna.

Hildesheim.

Sitzler, Hartmut 2012. *Das Selbstsein des Geschöpfs. Eine theologische Studie zum Transzendenzbezug der menschlichen Freiheit bei Karl Jaspers*, Münster: Lit Verlag.

Stammler, Rudolf 1906. *Wirtschaft und Recht nach der materialistischen Geschichtsauffassung. Eine sozialphilosophische Untersuchung*, Leipzig, zweite verbesserte Auflage (1. Auflage Leipzig 1896, 4. Auflage Berlin und Leipzig 1921).

Stammler, Rudolf 1911. *Theorie der Rechtswissenschaft*, Halle.

Stolzenberg, Jürgen 1994. "Fichtes Satz ‚Ich bin. Argumentationsanalytische Überlegungen zu Paragraph 1 der Grundlage der gesamten Wissenschaftslehre von 1794/95," in: Helmut Girndt und Wolfgang H. Schrader (Hrsg.), *Realität und Gewißheit*, Amsterdam / Atlanta: RodopiBv Editions, 1—34.

Sutor. Johann Paul 1774. *Allgemeine practische Weltweisheit. Ein Versuch für die Philosophie in Bayern*. Jena: Fickelscheer.

Sulzer, Johann Georg 1773. *Vermischte philosophische*

*Schriften. Aus den Jahrbüchern der Akademie der Wissenschaften zu Berlin gesammelt.* Leipzig: Weidmann and Reich.

Tetens, Johann Nicolas 1777. *Philosophische Versuche über die menschliche Natur und ihre Entwicklung.* Erster Band, Leipzig.

Timmermann, Jens 2007. *Kant's "Groundwork of the Metaphysics of Morals". A Commentary.* Cambridge: Cambridge University Press.

Tonelli, Giorgio 1959. "Der Streit über die mathematische Methode in der Philosophie in der ersten Hälfte des 18. Jahrhunderts und die Entstehung von Kants Schrift über die 'Deutlichkeit'," in: *Archiv für Philosophie* 9 (1—2), 37—66.

Wiesing, Urban 2005. "Immanuel Kant, seine Philosophie und die Medizin," in: *Kant im Streit der Fakultäten*, hrsg. von Volker Gerhardt und Thomas Meyer, Berlin, Boston.

Wittgenstein, Ludwig 1984. Werkausgabe, Band I, Frankfurt am Main: Suhrkamp.

Wolff, Christian 1703. *Philosophia practica universalis, mathematica method conscripta.*Leipzig: Götze.

——1713. *Vernünftige Gedancken von den Kräfften des*

*menschlichen Verstandes und ihrem richtigen Gebrauche in Erkäntniß der Wahrheit*, 14th edn.. Halle: Renger, 1754 (= Logik).

—— 1719. *Vernünff tigeGedancken von Gott, der Welt und der Seele des Menschen, auch allen Dingen überhaupt*, 11th edn. Halle: Renger. (repr. Hildesheim: Olms, 1983, Charles A. Corr ed.).

——1720. *VernünfftigeGedancken von der Menschen Thun und Lassen, zu Beförderung ihrer Glückseeligkeit*, 2nd edn. 1722, 3rd edn, 1728, 4th edn.. Frankfurt and Leipzig, 1733 ( repr. Hildesheim: Olms, 1996) (= DE).

——1728.*Discursuspraeliminaris de philosophia in genere. Einleitende Abhandlung über Philosophie im allgemeinen*. Günter Gawlick and Lothar Kreimendahl( eds. and transl). Stuttgart-Bad Cannstatt: Frommann-Holzboog, 1996.

—— 1738—39. *Philosophia practica universalis, methodoscientificapertractata*, 2 vols. Frankfurt and Leipzig: Renger (repr. Hildesheim: Olms, 1971—79).

Wunderlich, Falk 2005. *Kant und die Bewußtseinstheorien*

*des 18. Jahrhunderts*, Berlin / New York: de Gruyter.

—— 2010. "Garve, Christian (1742—98)," in: *The Bloomsbury Dictionary of EighteenthCentury German Philosophers*, Heiner F. Klemme and Manfred, Cambridge University Press.

Zac, Sylvain1974. "Le prix et la mention (Les Preisschriften de Mendelssohn et de Kant," in: *Revue de Métaphysique et de Morale* 79, 473—498.

Zedler, Johann Heinrich (ed.), *Grosses vollständiges Universal-Lexicon aller Wissenschaften und Künste*. Halle and Leipzig: Zedler, 1731—1754.